ばあちゃん助産師《せんせい》

10歳からの子育てよろず相談

はじめに

私はこれまでに三冊、子育てについての本を出しました。

一冊目は『大丈夫やで～ばあちゃん助産師《せんせい》のお産と育児のはなし～』。

これは、妊娠が分かってから、出産を経て、子どもが歩くようになるまでの育児の話。乳児期までの話やな。

二冊目は『大丈夫やで2～ばあちゃん助産師《せんせい》の産後と育児のはなし～』。

これはだいたい幼児期までの話。

その後、どうしても、産後から一歳までの子育ての大切さが伝えたくて、『ばあちゃん助産師《せんせい》　こころの子育て』を書きました。

これは、「産後一年間集中して愛情を注いだら、その子に自己肯定感が宿る。そうしておけば、その後の子育ては安泰や」ということが言いたかった事が一つ。そして、「三つ子の魂百まで」という言葉に縛られて、「なんとしても三歳ぐらいまでは常に一緒にいてやらなあかん」と、働きに出たい気持ちを抑えたり、働きに出たとしても罪悪感を抱えながらの人が多いのがもう一つの動機。

長年お産をとっていると、赤ちゃん自身も進化しているのを肌で感じます。昔は産まれてすぐはぎゅっと拳を握りしめる子ばかりやった。今は首がすわるのも、立つのも早まってきてる。子育ての基本は普遍的な事が多いけど、赤ちゃんの進化にあわせて、子育てに対する考え方も変えていかんと、お母さんがしんどいように思います。

私は助産師なので、基本的には、お産の前とお産、それからお産の後のお世話が仕事の中心。でも、助産所には、子どもが小学校にあがっても、中学校にあがっても、高校にあがっても、悩みがある人がやって来る。思春期の子どもを持つお母さん、更年期を迎えたお母さんも来ます。

つまり、ここは、子育てしている人にとってのよろず相談所みたいなもんやな。

でも、私が特別なことをしているとは思ってません。

昔っから、助産師はよろず相談所としてそれぞれの地域で機能してきたんや。その昔からのやり方を、ただ続けているだけ。

今回、私が思春期の子育てについての本を出そうと思った理由は色々あります。

「産後うつ」という言葉があるけど、産後の次にお母さんにとって大きな悩みを抱えやすいのが子どもの思春期の時期。

一つ、二つ、三つ、と「つ」がつく年の時はなんともなかったのが、九つすぎて十（とう）になった頃から、なんとなく子どもの様子が変わってくる。

子どもが十代になると思春期（反抗期、第二次性徴期）を迎え、対処しなければならないことがぐんと増えます。

「なんでこうなるんやろ」

なかなか思い通りにいかんことが増える。自分も年を重ねて体力も判断力も弱まってくる。

自身の更年期と重なる人も少なくないなあ。もう、そうなるとダブルパンチや。

中には、家の中が地獄絵図になってしまう家庭もあるんやで。

そんなことから、お子さんが思春期にさしかかったお母さんに向け、何かしら力になれることがあればと思ったんです。

地域の幼稚園、小学校、中学校、高校に出向いていろんなお話をし続けてきました。中学校や高校で命や性について話すようになってから、もう何十年経つやろか。

全国で今どんな教育がされているかわかりませんが、私は性についてのとらまえ方も、生き方と大きく関わってくると思っています。だから、しっかりと自分の意見を伝えたい。コンドームのつけ方がどうとか、そんなんじゃなくて、もっと根本の話や。「自分が取り上げた子どもは、その子が成人するまで責任持って見守りたい」という気持ちの延長上にある活動、というのかなあ。

実際に自分が取り上げた子でなくても、その子が成人するまで、つまり税金を自分でおさめはじめ、社会の役にたつようになるまでは、しっかりと見守ってやりたい。そう思っています。


この本で語りたいことを四章にわけました。

一つ目は、お父さん、お母さんをはじめ、思春期の子どもたちに関わるあらゆる立場の人たちへのメッセージを伝えるページ。

この本は、思春期の子どもをやっかいな相手と考えて、攻略するためのノウハウ本には決してしたくない、と思うてます。向き合い方、その心構えを伝えていく中で、その時期特有の心のあり方を理解し、寄り添ってやって欲しいと願いながら書きました。

二つ目は、私からの話を一方通行で伝えるんでなしに、親御さんや子どもに関わる人たちの立場からの素朴な質問にも答えたい。そう思って作ったページ。

三つ目は、長年学校に通い、「思春期講座」でお話してきた内容を紹介するページ。

そして最後は、大人にばっかり心得をお話するんでなしに、直接子どもたちにも言葉を伝えたいと思って作ったページです。

この本を手にした大人の方へ。「ああ、あの子にあてはまるなあ」と思うページを、どうかその頭に思い浮かべた子に開いて見せてやってください。そして機会があれば、あなたの声で実際に語りきかせてやってください。
次の世代にも、どうか私の思いが繋がっていきますように。

二〇一七年　春 ―――― 坂本フジヱ

もくじ

ら謝ればええ。
・最近は、すぐに心が折れそうな、少女みたいな母親が多いなあ。
・子どもが思い通りにいかない時。自分と親との関係を考えてみて。
など。

第2章

助産所に寄せられた悩み事や質問におこたえします ……………… 141

子どもがちっとも勉強もせず、家の事もしません。どうしたら良いでしょうか?／子どもが学校で悩みがあるようですが、どう接したら良いのかがわかりません。／三人姉妹を育てています。同じように育てたつもりですが、お姉ちゃんばかりずるいとか、妹にだけ何々してあげるんだとか、毎日言われてどうしたら良いのかわからなくなってしまいました。
など。

第1章

思春期の子の心と向き合うことについて

思春期は心と身体が急激に変化する時期。
それぞれにしっかりと
向き合って欲しいと思いますが、
まずは心のことからお話したいと思います。

メッセージ

親や先生に反抗する気持ちが
芽生えるのが思春期。
どんな子も一緒や。
でもな。激情を抑えられないのは、
その子が生まれてからの
生きざまによるものなんやで。

お産は人の人生の始まりであって、その後の生き方に大きく繋がっていくと思っています。赤ちゃんのうちは、持っている本質を言葉などで表現することはできないけれど、周りの大人がしっかりと愛情をかけていくことで、自尊感情を育まれていく。その時期に愛情をたっぷりかけて自尊感情を育めた子どもは、周りがいろんなことを言わんでも、だんだんと自分の持っているものを、自分で引き出して生きていけるすごい存在になっていくんや。

思春期は、親や目上の

人、学校や権力などに反抗したい、反発したいという気持ちが芽生える時期。

人にもよりますが、その感情が激しく、抑えられない子どもたちもいます。

なぜそういうふうになるのか。

やっぱりそれは、その子の生まれた時からの生きざまによるんや。

その年齢になるまで、「自分がこうして生きていきたい」と思うことが半分もできていないと感じている子どもは、この時期になるとものすごく反発します。

小さいうちは自分が無力やから、「言うてもあかんわ」「かかっていってもどうにもならんわ」っていう諦めがある。

でもそうやって生きてきた子どもたちが、無力の時期を過ぎ、力をつけ、言葉を身につけたら、もう大変。

暴れだしたら止まらん、歯止めがきかん。

親が自己中心主義やったら、必ず子どもにも、自己中心主義を強いているはずや。それが一番子どもにとっては許せんこと。だから反抗がひどいんです。

小さい頃に自尊感情を育むことができなかったと思っている親は、気づいた時点から注意深く子どもと接すること。

「家族ってものは大事なもんなんやで。お母さんと自分だけやなくて、お父さんがあって、社会があって、生きていられるんやで」って、感謝する気持ちを少しずつ教えていく。伝えていくことやな。

メッセージ

子どもが荒れるのは
その子のせいと違うで。
自己肯定感の低い子どもには、
「辛かったね」と共感した上で、
「辛いのはあなたのせいじゃない」
と、ちゃんと伝えてあげて欲しい。

それが親でなくても、自分を大切にしてくれる大人が一人でもいれば、どんな過酷な家庭の状況での育ちであっても、人は生きていくことができるんです。

自己肯定感の低い子どもに、「今辛いのは、あなたのせいではなくて、これまでの育ちの中にあるんやで」と伝える大人さえいれば、それをちゃんと理解してやれる大人の存在があれば、子どもはしっかり立ち直ります。

ここへ相談に来る人の中にも、子どもが荒れるのは荒れてるその子が悪いと思い込んで相談しに来る人が多い。それが一番問題なんです。

原因はやっぱり家庭にあるのか、それとも周囲の環境の中にあるのか。それを先に悟って、まずは自分の生活を改めていかんかったら、とてもとても子どもの生活は改まりませんよ。

子どもは、どんな状況に置かれたとしても、自分の親、特に母親を求め、愛そうとします。だから、特に心の優しい子は、どんなにひどい目に合っていたとしても、その原因は親ではなく自分にあると考えてしまいがちです。「辛かったね」と共感して、でもその辛さは「あなたのせいではない」ときちんと伝えてあげて欲しい。それだけで、前に進んでいけるんです。

メッセージ

力のある子は外に出す。
外に出すのを諦めた子は、
悪い意味での無抵抗に走る。
「引きこもり」という行為は、
お母さんのお腹の中に戻ることから
始めたいという意志表示かもしれんな。

お母さんの心を子どもはちゃんとわかってるからなあ。どんなにきれいなこと言うてても、本心はそうではないって言うことを見抜いていているんです。

だから自分に力がついてきたら、反抗する、反発する。力のある子はまだそういう形で出せるけど、そうできない子は鬱々として学校に行けなくなったり、親に対してだけでなく、社会に対しても無気力になる。

小さいうちに諦めてしまっていた思い。それが残ったまま、大きくなってからもそのまま持ち続けてしまってるんです。

悪い意味での無抵抗やな。

自由に生きてこれた、自分で決めて生きてこれたと実感して生きてきたら、必ず子どもは外へ羽ばたいていこうとするものです。それができなかった子どもは、その反動でまるでもう一度生まれ直そうとでもするかのように引きこもるんやと思うで。お母さんのお腹の中に戻ることから始めようとしているんやないかなあ。

引きこもる子どもを責めてばかりいても何も変わらない。まずは思うように生きてこれなかった悔しさや悲しさに気づいてあげることからやと思うで。

メッセージ

最近の家事はスイッチポン。
その分子どもに気がいくから、
つい子どもに口出しするんやろか。
子どもの存在をしっかり感じる。
でもやたらにいじらない。
間違ってても、見守ってやって欲しい。

最近は子どもに周囲がやかましすぎる。もう、子どもがこれで終わりと思う頃に親が先に先に口を出す。そうすると子どもはそれが不満で、癇癪《かんしゃく》おこして暴れ出す。乳児も幼児も思春期の子もそれは同じじゃなあ。

お産にしても子育てにしても、自然なものやからな。どんだけお話しても、話しきれんような深いところがやっぱりあるんです。それをどう親が感じていくかっていうことがね、その人の感じ方が子育てに出るんです。

昔のお母さんは大勢の子育てをしているでしょ。そうすると、その子どもに連なる横の繋がりがいっぱいできるでしょ。

縦の線だけでなしに、ようけ横の繋がりができる。それは、その人の感じ方というか感性を磨くことになり、良い面だったかもしれませんよ。

「あー。今は子どもは夢中になっているな」と感じれば、黙って見守る。「自分からやりたがっているな」と感じたら、たとえ間違っていると思っても、一人で最後までやらせる。この感じ方は、子どもに触れ合いながら、その経験を積むことで身についていくもの。今のお母さんたちは、育つ時に、子どもと接する機会が少ないから、経験不足なんやなあ。せめて、経験のある人の話をきいてみて欲しいと思います。

メッセージ

親子だけで解決しようとしないで、
日頃から周りに頼るクセつけといてや。

縦や横の棒だけやともろいけど、
斜めの棒が入った足場は強いやろ。
人間の心もそれとおんなじ。
斜めの関係があると強くなるんや。

親子関係がいいのが一番。でも、親子だけの縦の関係だけやともろい。友達との関係だけでももろい。昔は親戚や近所まわりの「斜めの関係」があった。

縦の棒と横の棒だけの足場より、斜めの棒がささった足場の方が頑丈やろ。子どもの心もおんなじなんです。

親と子、先生と生徒みたいな縦の関係に、学校、習い事、近所の友達みたいな横の関係、それに近所や、親戚のおじさん、おばさんみたいな斜めの関係が加わると、心がどんどん強くなる。

最近は、その存在が周りにいない人も、多くなってきたなあ。

親子で初めてみるとええな。出かけた時にすれ違った近所まわりの人に「こんにちは」と自分から話しかける。そんな一歩から随分変わってくるもんやで。

メッセージ

兄弟姉妹を比べないこと。
同じ親が産んだとしても、
本質は変わらないにしても、
色のつき方はそれぞれ違うんや。
人によって、ちょっと赤くなったり、
緑になったりするもんなんや。

子どもはみんな違うからな、同じ親が生んだとしてもや。本質はちっとも変わらんけども、やっぱり色の付き方がみな違うんです。

ちょっと赤なったり、緑になったり、そういう微妙な違いっていうのはいくら兄弟でも、おんなじ家に暮らしていてもあるんです。ましてや育ち方や育つ環境が違えばもっと違ってくる。

本質というのは、人間の育っていく筋の事で、絶対に変わりません。私は「人間は自然の神様からの贈り物や」と思っています。それは今も昔も一つも変わってない。

子どもがいること、そのこと、そのものに感謝する。二人以上授かったらそのことに感謝する。それらを比べることなんて、するもんじゃないんです。

メッセージ

「この子が最近変わってきた」

「前はこんな子じゃなかったのに」

思春期になっても
子どもの本質は変わりません。

親がそう感じるだけなんや。

親の見方が変わっただけなんや。

助産所へ来る方の中に「この子は何が原因でこんなことになってしまったのでしょう」と嘆いている方がいます。

でもね、それは違うと思うんや。

「子どもがこういうことをするから悪い」と言いますけどね。よう考えてみたら、子どもの本質はちっとも変わっていない。「子どもがこういうことをするからだ」と自分の考えで決めつけて接するでしょ。そうすると、本当にそうなってしまう。実はそうなっていなくても、そうなっているように感じ取ってしまうんや。

それは子どもにとっては許せんこと。神仏（かみほとけ）の領域の愛情でもって、全部の子どもに接してくれたら、みんな同じようにいい子に育つんやけどなあ。

どんな大変な思いをしてお産をしたか。最初に自分の胸に抱いた時、どんな気持ちで我が子を迎え入れたか。

「生まれてきてくれて良かった」「この子は神様の贈り物や」「とにかく無事に生まれてきてくれただけでありがたい」そんなふうに思って抱きしめたはずや。

育てていく中でいつしかその思いを忘れてしまっている。

親子だけに通じるものがある。だからこそ、「私の子どもやから、そんなことは思わんはずや」「そんなことするはずない」と思ってしまう。ちょっと自分の考えと違うところがあると「この子はここがおかしいんや」と決めつけて考えてしまう。そこが一番問題やと思いますよ。

お母さんの考え方もね、我が子を産んだ時、どんな気持ちで迎え入れたか、どんな気持ちで抱いていたかを思い出しながら接していたら、変わってくると思います。
そうすると、子どもへの愛情の与え方も変わってきます。

メッセージ

「兄弟おんなじにように育てたのに、
なんでこんなに違うんやろ」
そう思ったら、
その子たちが赤ちゃんの時の
環境を思い返してみるとええ。
それぞれ、違う環境にいたはずや。

この子は何でこんなことするんやろう。上の子の時はそうでもなかったのに、なんでこの子は……。そう思ったら、自分がこの子を妊娠した時に、ご主人との関係はどうやったかな、どんな状態やったかな、ということを思い返してみて欲しい。

そういうことに思いを致してみたらな、意外に解決すること、あるんやで。

相談に来る人の中にもね、お姉ちゃんはものすごいええ子やけど、妹さんはどうにもならんのやっていう人がいる。

この子は大きなって生活してくのにどんなになっていくんやろって心配で心配でって。

私が「穏やかに育っているっていうお姉ちゃんの小さい時分にはあなたの生活はどうやったん?」って聞くと、ご主人もまあ順調に仕事してたし、自分も仕事してたし、ほんわかムードで子どもも産んで育てたって言う。

「そやから子どももほんわか育っていったんやな。そやけど妹さんの時にはどうやったん?」って聞くと、お父さんが荒れて、ギャンブルに力が入って家の事もあんまりせんかったって言う。

そしたらお母さんの気持ちもいつもカッカカッカしてるでしょ。だからカッカカッカした子が育つ。

結局それは子どもが悪いんじゃなくて、そういう状態で育ったからや。

その子は、まあ言うたら被害者やな。

必ず思い当たることが一つや二つ、あるはずやで。

メッセージ

自分が原因だったとわかったら、
後はひたすら謝ればええ。
赤ちゃんの時みたいに
抱きしめることができなければ、
その子の後ろ姿に向かって、
心の中で謝ればええ。

自分に原因があるんやって分かったらね。あとは、言葉に出して言うことないから、もうその子の後ろ姿にいつでも拝んでね、「お母さんが悪かった。すまなんだ。こんな気持ちでおったのが、あんたにものすごう影響したんやなあ」って。それをずっと繰り返していたらね。フッと気づいたときに、自然に穏やかになってるってことが多い。

私が言ったことを、すぐにはできなかったり、できたとしてもその一〇〇分の一くらいの事しかできてないんやけども、その些細なお母さんの心の変化が子どもに移って、その子はまともになっていくんや。

実際に助産所でそのことを伝えて実践したご家庭の子は、その後気持ちを立て直して、結婚してまともな生活を送ってます。

特別上等に指導するとかしなくても、心でいつも「すまなんだなあ、あんたにはこうこうして、お父さんがこうやったから、私はお父さんをつく（責める、憎む）あまりに、その心の働きが周囲にも向いてたんやなあ」と自分で反省したらね、何もせんでも、気づいたら直ってるもんなんです。

メッセージ

最近は、すぐに心が折れそうな、
少女みたいな母親が多いなあ。
純粋な心のままでいるのはええ。
でもいざという時は、
「母は強し」でいて欲しい。
子どもから、逃げないで欲しい。

昔は「母は強し」という言葉があったと思うんです。最近は、母になっても強くならない、心が折れそうな少女みたいな人が増えたなあ。

いつでも自分を見て欲しい、といわんばかりに、自分にだけ意識がいってるお母さん、多いなあ。私が育った頃は、「母は強し」という言葉がちゃんと生きていましたが、終戦後に育ったお母さんは自己中心主義の人が多いからなあ。

例えば大きな事件が起きた時。例えば人質と一緒に立てこもった犯人を説得しても拉埒《らち》があかず、「ここでお母さんにお出まし願って、子どもさんを引き留めてもらわなんだら、よその人が殺される」っていう鬼気迫る場面。

そんな時でも、「怖いからよう行かん」って逃げるお母さんがいるらしい。自分の子どもがしていることが恐ろしい、怖いって。自分の命捨ててでも自分の育てた子どもやから何とかしようって気になるのが昔のお母さん。

もうちょっと子どものために「母は強し」であって欲しいと思います。

メッセージ

子どもが思い通りにいかない時。
自分と親との関係を考えてみて。
もし親への恨みをまだ抱えてるなら、
親を許してやって欲しい。
そうしたら自分の子どもとの関係も、
自然に変わってくるもんやで。

自分と両親との関係がしっくりしていない人、けっこう多いなあ。子育てしていると、自分が育ってきた時のことがぶり返すみたいや。

子育てがうまくいかんという人の話をよくよくきいていると、親に対するややこしい気持ちが隠れている。

これまでも何度も言ってきたことですが、「親に対して怨みつらみを日々たぎらせて暮らす人に、明日の繁栄はない」これは絶対です。怨みつらみは、哀しい事に次の世代、次の世代へと連鎖していくものです。

良いように生きていきたいと願うならば、親への恨みつらみの気持ちから卒業をして、あなたにできる範囲の親孝行をしてください。

ほんの真似事、形だけでもええ。形ができれば、それがだんだんと自然になってくる。心の成長に繋がってくる。それでもどうしてもしんどく感じたら、ちょっとだけうまい具合に距離を置けばいい。そしてふと親を思う余裕ができたら、また何か無理なくできることをやればいい。

難しいことかもしれんけど、このまま怨みつらみを抱え込んで生きていくよりも、ずっとあなたの心を安定させてくれるはずです。目の前で苦しんでいるお子さんにあなたができることは、自分の元であり、命を与えてくれた親に感謝すること以外にありません。

ひどい事を言われたり、されたとしても、あなたに命をくれた人や。

小さい時にどんな事情があったんか、もしかしたら知らんだけかもしれんしな。

あなたが親になり、親のこれまでの生き方に思いを馳せられるようになったなら、あなたの方から「許す」という愛を与えてあげてください。

必ず、ご自分のお子さんから、その何倍もの愛を受け取れるようになりますから。

自分の代でこんな苦しい思いは終わりにするんやっていう強い覚悟で踏ん張って、断ち切ってください。

大丈夫や、あなたには必ずそれができる力が備わっているはずや。

我が子の未来と幸せを思う親の気持ちは、あなたを何倍も強くしてくれてるはずやで。

メッセージ

どんなに大変であっても、
どんなに手間がかかっても、
女が一生かけてやる仕事、
それに値するのが子育て。

昔の生活で、どんなに大変であっても、手間がかかっても、大事にしてきたものは何なのか。

子育てという大きな、大事なことをあなたは今しているんです。女が一生をかけてやるに値することをしているんです。

本当に大事な使命とまで思ってもいいことをしているんです。

メッセージ

おじいちゃん、
おばあちゃんを敬う。
おとうさん、おかあさんを敬う。
友達やまわりの人を敬う。
表面上の生活スタイルなんかは、
その次の話やな。

『大丈夫やで』が台湾で出版されたことがきっかけで、台湾の助産師さんと知り合いになりました。

それがご縁で台湾にまで行かせてもらったんやけどな。

台湾には古き良き日本の雰囲気が漂っていてびっくりしました。

台湾っていいなあ、また行きたいなあって思ってるんやけど、足腰がもう丈夫じゃないからなあ。

台湾の家庭では、まだ昔の日本のような生活が生きてる。

食事はたいてい屋台ですませるし、決しておふくろの味があるわけではないんやけどな。そういう生活をしているんやけど、家族っていうものに対する気持ち、おじいちゃんおばあちゃんを尊敬するとか、そういうことは大事にやってる。そこがほんまに大切なんやろなあと感じました。

何が大事なのか。

今の日本人にはもうわからなくなってきている気がするんです。情報はたくさんあるし、新しくできた価値観も増えてしまった。だから、まじめなお母さんは「これもしなければいけない、あれもしなければいけない」と思ってしまう。

逆にたくさんありすぎることで、そんなの無理だと思って、子どものことに関心が持てなくなって、自分の興味のあることに邁進していってしまう人もいる。

本質はいくつもない、子育てに大事なことはそんなにたくさんはなくて、これとこれさえすれば良いという、実はとてもシンプルなものなのに。

家族の中で何が大事なのかってことを、一軒一軒の家の教育でしっかりしてくれたら心配ないんやけどなあ。

どんなものを食べさせるとか、どんな勉強をさせるとか。

もちろんそれも大事やけどな。

どうやって愛情を子どもに伝えようかと考えている親は多いけど、実はそれもまた枝葉末節。

そこばかりに気をとらわれていて、本当に大切なものは何かということを今は見失ってしまっているのかもしれません。

だんなさんを大事にする。自分やだんなさんの両親や先祖に思いをはせる。そういう気持ちが一番。

いくら百いい事をしていたとしても、旦那さんに感謝する気持ちがなかったら、なんにも変わりませんよ。

メッセージ

お母さんを嫌いな子なんておらん。
「誰かにとられる」なんて思わず、
「自分だけで育てる」なんて思わず、
世の中で通用する子にするために、
外気に触れさせてやって欲しい。
小さな旅、させてやって欲しい。

ここに相談に来る人の中にな。夜中に子どもが暴れるから寝られへんていう人がおってな。ほんで私のところへ逃げて来たんや。「あんた、何かこの子どもの心にものすごう負担をかけてるっていうことないか？」って言うたらな、「おじいちゃんおばあちゃんが住んでるところと、自分らが住んでる新しい家と、同じ敷地内にあって、子どもがおじいちゃんおばあちゃんのところにどうしても行きたがる。行きたがっても、おじいちゃんおばあちゃんのところにそんなに行くな行くなって言うて

自分が子どもを抱え込んでしまう」って、そう言うんや。

　まあおじいちゃんおばあちゃんの方に行ったら、どうしても孫には甘いからなあ。おじいちゃんおばあちゃんに取られてしまうという気持ちが出てくるんやな、そのお母さんに。

「子どもは自分のお母さんは、どんなずっこけた人でも一番好きやからな。絶対に取られるとかいうことはないんや。あんたの意識を変えてな、素直におじいちゃん、おばあちゃんのところに遊びに行くんやったら行っておいでよって。行ってもじきに帰ってくるんや、だから心配ないんやから、帰ってきておばあちゃんがあんな言うたこんな言うたっていろいろ話をする。それを面白がってきいてあげる。そういう中であんたも素直にその生活をしておったならな、心が平穏に暮らしていけるんや」って話をしました。

そういう気持ちで暮らしていく中で、子どもの心がお母さんの心と一致して、母親と自分の信頼関係が築けたら、必ずその力を借りてお父さんとの信頼関係を築く。そしてお父さんと信頼関係が築けたらな、おじいちゃんおばあちゃんとの信頼関係が築ける。そのバランスがとれるようになったら、周囲の人との信頼関係も築ける。

そんな環境の中だからこそ、世の中に通用する立派な子どもに育っていくのに、お母さんの子どもの抱え込みがな、とにかく子どもにとって、ものすごく壁になってるんやって。とにかくそれが今は多いんや。

メッセージ

自分の親、旦那の親を区別してると、
子どもにその考えがそのままうつる。
子どもが辛いんは、それが原因やと
気づかんといかんのです。

旦那さんの親御さんといい関係を築いたら、子どももまっすぐ育ちます。自分の親に子どもの顔見せるような気持ちで、旦那さんの親にも心開いていけたらええなあ。

もし心閉ざしてるとしたら、将来子どもの生活にものすごく影響してくるでって、相談に来る人にはいつも話しています。

自分の意識をほんのちょっと変えて生活してたら、そのうちどんどん楽になってくるもんやで。

戸籍がね、自分のご主人と自分と、そして子どもとっていう戸籍になったでしょ。昔からの大家族の頃の戸籍はもうほとんどないです。みんな結婚したら戸籍を新しくするでしょ。それがものすごい大きな原因になっていると思う。自分の力がそんなにないのに、書類上戸主として認められただけで、自分が大将だという気持ちになってくるんや。旦那も奥さんもな。

そやから、親の事をあんまり言う旦那を、奥さんは嫌う。その気持ちがひどいとええ事はないな。

暴れる子どもの親はね、自分の親も嫌いなの。

親に大事に育ててもらってないという事を、平気で言ってしまったりします。それが我が子の苦しみの原因なんだという事を、気づかんといかんのです。

メッセージ

なんでも勝ち負けで考えない。
勝ってばかりはアンバランス。
柔らかさは、強さなんやで。
母は、水のように生きるんやで。

子どもの思春期と男と女の話は関係ないって？　いや、実はおおありなんや。

昔の女の人は賢かった。柔軟な心で男の人に寄り添える。「負けて勝つ」を知っていたんやろうなあ。

今は男に負けたらあかん、肩並べて歩かなあかんって必死や。そうやって戦略的に勝つことを覚えたのはええけど、勝ってばかりやとアンバランスになる。

女は水のごとく生きられるところをもともと生まれ持ってて、それを最大限の武器として、強くなる時には強くなり、そうじゃないときにはさっと引いて、お父さんが気持ちよく働いてくれるようにやりながら、いざとなったらお尻をぴしゃんと叩くような強さを持っていたのが、昔の女の人。柔らかさが強さ、一歩引く柔らかさやな。

押す一方の自己主張の強さじゃなかったんです。

旦那さんとの別れ話が出た時も、勝った負けたの話に置き換える人が多いけどな。どうしても別れる時にはしっかり子どもに相談してや。

子どもは賢いから、話をきいて「お父さんが悪い」とか「お母さんが悪い」とか率直に言ってくれるはずや。

お母さんの考え方だけで決めてしまうのは危険やで。

メッセージ

子どもがどうしても愛せない。
そんな親の中には、自分が親に
虐待されてきた人もおるなあ。
それを子どもが受け継ぐ前に、
負の連鎖を断ち切る。
大変やけど、その覚悟をして欲しい。

子どもの心が柔らかいうち、生まれて一年の間に神仏（かみほとけ）の領域の愛情を注いで育てられたひとが親になったら、そのひとが子を虐待するなんてことはありません。

生まれて一年の間子どもに愛情が注げない親は、愛し方がわからない親。つまり、自分も親から愛されてこなかった親やな。

親に自分もされていると、それが子にも受け継がれていく。二代、三代、累積していく。自分が虐待されてきたから、自分は絶対そんなことをせんと思っていても、ついしてしまう。

でもな、自分が変わることで、その負の連鎖を断ち切ることだってできるんや。

この夫婦はいつ壊れてもおかしくないという夫婦がおった。その旦那さんが私のところに一人で相談に来たんです。

お母さんに大事にしてもらってなかったから、子どもに愛情を注ぐというやり方が分からないと言っていました。

「そうか。でもな。あんたのお母さんも被害者やで」と話をしたら、そこでふっと考え方が変わったみたいやな。

夫婦だけでアパートに暮らしていたのを、ご主人の実家で親の世代と一緒に仲よう暮らすようになった。

そうしたらこの頃はずいぶん変わってきたように思うわ。

私はその人にそんなに強い口調で叱ったり、たしなめたりしてないんやで。

「私の考えは絶対や。私の考えは最高や」「あんたの考え方は間違ってるで」というような正面切っての言い方はしていない。

「そういえばこんな人もあったなあ」「こんな風に気持ち変えた

ら、こうなったみたいやなあ」そんな風に少し遠回しに、柔らかい言い回しで話す。

つまりその人が「そうか」と感じることが大事やからな。「そうか」と感じるまでは、どんな強い口調で言うても意味がないんや。

でもな、「そうか」と腑に落ちたらその後は早いんやで。

自分で納得したら、必ずなおる。

自分が自分をなおしていくんや。

メッセージ

「自分は木の股から一人で産まれてきた」
そないに思ってる人多いなあ。
親や先祖、連なってきた命を感じる
自分の存在の源を感じる。
それができれば、
かたくなな心はほぐれていきます。

「そやけどあんた、両親があってこそ、今ここに存在してるんやで」って言うてあげてもね、自分は木の股から一人で生まれてきたような気持ちでおんねん。そういう気持ちの人、多いなあ。

織物でも縦の線が主になっているでしょ。横の線をずっとそこに一つ一つ編んでって反物になっていく。親や先祖や、連なってきた命が縦の線で、それが一番大切や。

とても大事にせなあかん、そういうことをわきまえていかなあかんと言うと、「そんなんしてたら昔の日本の生活に戻ってしまう」と反対する人たちがおる。でもそこを日本の良い面として素直にとらまえていってくれたらいいと思うんですよ。

昔から大切にしていたことの深い、深い意味を、私ら本当に分かって生きてきたからこそ言うんやで。

メッセージ

思春期は、親子げんか、
友だちとのけんかが
エスカレートしやすいなあ。
相手にたくさん求めないことや。
相手に求めることが半分かなえば、
それで上等と思えばええんや。

ごまんといる人間の中に男と女しかいないんや。夫婦も彼氏彼女もそう、友達もそう。

どこかで知り合いになって、寄り添うていくということは、よくよくのご縁やと私は思うんや。このよくよくのご縁というのは、この宇宙にある、地球上にある、男と女の命がどこかからで合致するというのはすごいことなんや。だから自分のパートナーをね、くさす（けなす）っていうのは、自分をくさすのと一緒やでって言うんです。

お子さんにもそういう教育して欲しいけど、その前にお母さんに言いたい。だんなさんの悪い事ばっかりを言うてる人いるけど、それは自分をくさすのと一緒や。自分の品性を下げているってことやな。だんなさんの悪い所を見だしたらきりがないけどな、良いところを探して、一つ一つを帳面に書いたりしたら、ええみたいやな。

私はね、自分の中に相手に求める基準が一〇あるとするならば、五あったら上等やと思いなさいっていつも言うてるんです。半分合格したら最高やなって思うて生活してたら、幸せな生き方ができるんやないかと思うんです。

私には根本的に「求める」っていう気持ちがないんです。「与えて、与えっぱなし」であったとして、その結果がうまいことといかなかったとしても、それは自分がそうしたんやから、自分の品性っていうもんはそのくらいの高さしかなかったんやなって、そういうとらえ方をするんです。

そやから、人をつく(攻撃する、指摘する)っていう考え方も、なんでそんな考え方になんねやろっていつも不思議に思っているんです。それでもまあ別にそういう考え方している人のこと、執着して考えるんでもないんですよ。

「まあ死んでからでもわかるんかな」くらいに思うんです。

今の人は、相手に対して、直情的にいくでしょう？　それが違うんです。私らは、根本的な教育を受けてきているから、かりに冗談で軽口たたくことがあっても心の底から相手を打ちのめすようなことはしない。親から受けた教育がちゃんと潜んでいるんです。だから、出てくる言葉がちょっと柔らかいんです。

今の人の言葉は峻烈を極める言葉になっている。この直情的というの、どんな場面でも感じますね。私らには理解できんくらいの世の中になってんなあ。

メッセージ

辛辣な言葉を阿修羅の顔でぶつける。
思春期にそんな態度をとる子どもは、
もしかしたらその子の幼少期に見た
阿修羅が乗り移ってるんかもしれん。

今は自分の生き方も、職業も、結婚相手もみんな自分で決める時代やな。自分で全てを選んで、つかみ取っていくイメージで人生をとらまえとるんやろか。

でも、いつも主体が自分にあるから、自分も許せないし、相手にもそれをぶつけてしまうんやないかな。

来るものは拒まない、縁があったものは縁があったのだなあと大事にして、与えられたものやその時の状況を、素直に受け入れるというっていう生き方をしてみて欲しい。

今はすぐに「ああ、あかん。この人を選んだのは失敗や、はい次」てなもん。

でも、夫婦や親子の間で、その気持ちで切り捨てたり、嫌ったりするのって、ほんまにやりきれんなあ。

大人も子どももイライラ。

何で怒っているのか知らんけど、家族に対して、イライラしたり、責め立てたり、凄い言葉を吐き捨てたりすることが多くなってきてるなあ。

辛辣な言葉を阿修羅のような顔でぶつけているところを見るとなあ、それを幼い心に常に言われるというのはどんな気持ちやろとやりきれん。そんなに言われ続けている子供がお母さんを見る目は何ともいわれん阿修羅の目をしている。

この子は大きくなったらどないになるんやろ、お母さんを大事にする気持ちが出てくるんやろかって心配になるな。

この憎む気持ちをいつまでも心の中に持ったままでいたら、その子が辛いですよ。どこかで誰かがきいてやったり、誰かに出して受け止めてもらったりしないと、心の中で恨みが熟成してしまう。

一番愛してもらいたい人から、親を求める、愛する気持ちを裏切られていくということはきついな。

それをいつまでも抱えて生きていくというのも、その子にとっては地獄やからなあ。

メッセージ

親にどう接してもらってきたのか。
どれだけ愛情をかけてもらったか。
子どもが成長していく中で、
必ず、心の変化として現れ出てくる。

阿修羅の顔してる子はな、母親が自己中心主義で生きているということがはっきり出ているんです。

「何で私がこんな目にあわされているんや、あんたのせいで辛い、しんどい思いをさせられているんや」って思い込んで、ずっと不満に思っているんやろな。

お母さんが優しい存在として子どもに語りかける姿をずいぶん見なくなった気がするなあ。お母さんという存在を求めて生まれてきた子どもが成長する過程の中でどんな風に接してもらってきたのか、どれだけ親から愛情をかけてもらえたかは、大きくなっていく中で、必ずいろんな形で子どもの心や体の変化として現れてくるんやと思うてます。

自分に愛情や関心が向いてないことを、子どもは一番よく分かっていますから、何らかの形でそれを表現しようとするのかもしれないな。

たかが言葉くらいと思うていても、「言霊（ことだま）」と言うくらいやからな。

家族や世の中の大人たちが、人が言われたら傷つくだろうというような言葉や、思いやりが感じられない言い方をしていたら、子どもにどう影響してくるんか。

優しい言葉をかけて損はないんやからな。経済的に損になったというようなことは一つもないんやからな。

優しい言葉をかける、優しい目で見る、にこやかに接する。

それが一番大事やなあ。今更優しい言葉なんてとか、優しくできないなんて言うてたら、いつか何らかの形で子どもを通して結局は自分に返ってくるんやで。

メッセージ

子どもが思うようにいかん時。
子どもに何かもの申したい時。
「自分にも同じようなところ、
ないかな？」と考えてみて欲しい。
それができないとしたら、
足りないのは、感謝の気持ちや。

子どもにものをいう時にな、ちょっと一息ついて「自分にもそんなところはないかな?」と考えることができる人やったら最高やな。

それができないとするならば、それは感謝の気持ちがないからや。もともと、親御さんの方に愛情というものの持ち合わせが少ないんかもしれんなあ。その親御さんは、さらにその親御さんからの愛情、本当に素直な愛情をあんまり受けてないんかもしれんな。だとしたらその人も被害者や。

「感謝」とかいう気持ちは自然に出てくる感情。それが出てこんということは、本当に気をつけて、日々の生活をしていかんとあかんと言うことやな。

当たり前の一日一日を大事に大事に生きていかな。子どもを育てるという事は、そういうように生きる責任があるんやと思います。

メッセージ

子ども叱るな、来た道や。
年寄り笑うな、行く道や。
昔っから言われてきた言葉やな。
想像力をはたらかせれば、
人の振る舞いは、
大きな気持ちで受け止められる。

人間には厳然として動かない自然の法則があるんや。そやから、それは認めなしゃあない。それに逆らおうていこうとしてもな、ケンカになるか、自分が苦しいだけや。

私たちは人間として生きていく限り、これからも受けとめてつないでいかなければいけない法則がいくつかあって、それには逆らってはいけないということを知らなければいけないということや。

昔の人はな、「子ども叱るな、来た道や。年寄り笑うな、行く道や」ていうたもんです。年寄りの姿を見ていて、いつか自分もあなっていくんやなあって、そういう風に考えていたら我慢もできる。でも、今の自分の活き活きとした生活の中から年寄りの生活を見ていたらとてもとても我慢はできんことやと思うんです。

昔のように大勢の家族で生活していれば、年寄りの姿を見て、先のわが身を想像することもできるし、子どもに我慢できないようなことがあれば、年寄りからこんな言葉で諭されて、自分の気持ちを収めることもできたんやな。今の人たちは核家族になって、人がどうやって年をとって、そして死んでいくのかすら、本当に自分自身がその場にならない限り、見ることとすらないのかもしれんなあ。人の看取りをして、人の死を実感している人は、現在はほんまに少ないですよ。

昔は人の生き死には、お産と一緒で家の中で全部起きていたからな、日常の生活として過ごしてたから、いつも体験して、こういうことなんやなって感じながら生きていけたんです。

メッセージ

親が自然体やと
子どもも自然体になる。
親が素直に生きてたら
子どもも素直になる。

最初は力の関係の上下がはっきりしているように一見見える親子関係では、親の方が気持ちを下げて、子どもの目線に合わせて見るというのが難しいと思ってしまっている人も多い。でも実際に思春期くらいになれば、もう同じ人間同士として、節度を持って、お互いを大事にしあって付き合っていかなければな。

生まれた時から、子どもに対してそういう気持ちで向き合っていけたなら最高なんやけどな。

子どもがごく自然に親に接しているということは、親もまたごく自然に子どもに接しているという証拠です。

そこにいろんな感情とか、自分中心の考えが感じられたら、子どもは言うことをききませんからね。親が素直に生きてたら、子どもも絶対素直になってくる。

自然に、お互いに、子どもには無理をしないで、子どもが伸びていく姿をそのまま見守っていて、ここはちょっと、この辺のことを直してやったらこの子は楽になるんと違うかなっていうくらいの助言、そのくらいがちょうどいいんですよ。それができていたら、思春期の心も体も変わり目になる時期を、お互いに無理せんと、すんなりと乗り越えられる……そんな気がします。

メッセージ

子どもはどこまで甘えさせていい？
そのさじ加減、
難しいもんやなあ。
でも子どもを本当の意味で
甘えさせていいのは、
生後の一年間だけなんです。

子どもを甘えさせるといっても、子どもをどこまで甘えさせていいのか、どうすると甘えさせ過ぎなのか、そのさじ加減というか、何が良くて何が悪いのか、特に思春期の時期になると悩むという話をよく耳にするなあ。

子どもを本当に甘やかして良い時は、生後の一年間です。その間に徹底して甘えさせてあげておいたら、あとは少々叱っても何をしても通用するんですよ。

これがちゃんとできていれば、大きくなってからそんなことを考える必要なんか本当はないんです。この一年間の愛情の注ぎ方が不足している場合には、後の甘えさす、甘えさせないというその辺のさじ加減がとても難しくなる。

二歳、三歳とだんだん上になればなるほど難しくなってしまって、どうにも収集つかんというところまでいってしまうんや。思春期を過ぎ、二〇、三〇を過ぎ、五〇歳を過ぎても、引きこもったり、親に生活のすべてをみてもらっている人もいるんでしょ。その始まりのすべては、最初の一年間に、自分は生きている力があるということを実感できるかどうかなんです。

メッセージ

どこの学校に入ったか。
勉強がどれだけできたか。
そんなことは、枝葉末節。
子どもがきちっと仕事について、
それを続ける姿勢を見せたら、
ひとまず子育ては成功や。

自分の子育てや教育がこれで良かったのか、悪かったのかと思い悩んだ時にはな、きちっと子どもが仕事について、仕事を続けていくという姿を見せてくれていさえすれば、それで一応成功したと思って、親御さんは安心したらええ。仕事に対する情熱を持っていたならな、それは親である自分の生活が今まであまり間違えてなかったんやなってということ、それが目安です。

どこの学校に入ったとか、勉強の何がどれだけできたとかいうことで、ついつい一喜一憂してしまうけれども、それは枝葉末節にしか過ぎなくて、子どもが仕事について始めて、ようやく子育ての答えが出てくるんですね。

私らの時代では思春期の頃には、家を出て、社会に出ていましたから。今は親の庇護のもと、大学生くらいの時は猶予期間のようになってな、多少の事は許されるくらいに思うてるように思います。今は本当に恵まれてます。親の側にいるうちにやりたいことを見つけなさいくらいのことを言うてもらって過ごせてる。

もちろん大変な家庭の事情を抱えて、一生懸命働いて、苦労して学校へ行って、先の自分の夢に向かって頑張っている子も大勢おる。そんな子どもはな、親がギリギリの生活をしながらも、子どものために働いている。子育てに夢中になって頑張ってる姿を見せていたら、子どもは間違うということはありません。

メッセージ

「まだ足りん」「もっとしてくれ」
何かしてもらえることに慣れすぎると、
人間としての道を外しかねない。
「分相応」「足るを知る」
これを自然に身につけている子は、
悪い方へは流れていかんなあ。

昔は子だくさんやったしなあ。七人産んでも十人産んでも、授かった命は自分らの責任で養っていくという覚悟みたいなもんがあって、その気持ちがちっともぶれてないからな。子どももその姿を見ているから、親に対して文句を言ったり、自分の置かれてる状況や環境に、不満を持ってぶつけてくるようなことはなかったです。

親からやってもらえるのが当たり前なんてこともなかった。

昔の子どもは「分相応」ということをちゃんとわきまえていた。

今はその「分相応」という言葉が通らなくなってきた気がするな。

あまりに何かをしてもらえる事に慣れ過ぎてしまったんやないかな？

世の中が恵まれ過ぎ、豊か過ぎて、見失ってしまったものの一つかもしれんな。

昔は親が貧乏して、それでも一生懸命自分らを育ててくれたと感じていた子どもは、自分の働いた給金の中からほんの少しだけ残して、後はみんな親に出したりしていました。

親が巻き上げたとかいうこととは違う。自分はこれだけあれば足りるからあとは少しでも親が楽になってほしいと思うて、喜んで差し出していたんや。

これまで自分がしてもらってきたことに関しての感謝が根底にあるんやな。だから自然とそういう気持ちになったもんや。

今の人は「足るを知る」ということを知らんなあ。

これくらいの事があったら、十分に生きていけるという「足る」を知らない。

まだ足りない、まだ足りない、もっとしてくれ、もっと欲しい、上にもっと上がりたいという底知れない欲というか、求める一方の気持ちが強いんやないかな。世の中全体がそうなってきたり、大人が子どもにもそういう風潮をあおってしまっていることが心配やな。

自分のためだけでなく、家族のために一生懸命に働き、子どもを育てていることに夢中になって生きていれば、必ずそのご褒美は天から降ってきます。

いつか、その子どもたちから自分が助けられる時が来ます。それを先に期待してするのは間違い。

ただただ無になって、相手の事を思って生きることが、自然と子どもに伝わって、その結果が返ってくるだけなんです。

メッセージ

経済的自立は大事やけど、
楽にお金が稼げるのが一番問題。
大変な思いをして働いて、
その中から磨かれていって、
初めて真の自立ができるんや。
それを今から教えてやって欲しい。

「自立」について考えること。

仕事をして、経済的に自分の生活は自分で賄うといった目に見えてわかりやすい経済的自立と、もう一つ、心の自立というのがあると思うんです。

今、どんな厳しい状況にいようとも、「自分はまだ恵まれてるわ」というふうに思えるようになって感謝の気持ちを持って生活していたら、にちにちの生活にちゃんと現れてくる。そうしたら心の自立は完全にできているということになりますね。

今は高校生でも大人顔負けのお金を、アルバイトで稼いでいる子どもたちがいます。欲しいものが自分の力で手に入って、もう一人前の大人になった気持ちになりやすいし、経済的な部分では、もう自立した気持ちになりやすいところがあります。でも本当は自立

とは何をもって自立というのか、大人も子どももよくはわかっていないような気がします。
どんな時代でも楽にお金が稼げるというのは一番の問題です。お金の価値観というのがぼやけてくる。
お金をたくさん手にしたとしても、かえって心の自立を妨げることにしかならんのと違うやろか。どんな時給でも、これだけ働いたらいくら……と思いながら働くんでなしに、真面目に働いているってことをやっているっていうのが大事やと思うんやな。

私は本当の事を言えば、学校に行っているうちは、なるべく働かんと、学業に専念する方が良いと思てます。

でも働かなあかん子どももいるのも現実やしな。

自分の興味があったり、勉強したいと思っていることにつながることを働いて学ぶのは、それはそれで尊い事やと思う。

でも、楽して稼ぎたい、楽して生きていきたい、まあそれは人間の本音かもしれんが、それに流されて生きていても心の成長には繋がらんなあ。

自分で大変な思いをしながらも、その中から磨かれていってはじめて心の自立になっていくんや。

メッセージ

中途半端なところまで育てて、
あとは知らん。
そんな親の態度が
子どもの自立を阻むんです。

この風潮にどう歯止めをかけていったらいいのか。

大人の中に楽してすまそうとする人が多くみられると、それを見ている子ども達にどう伝わってしまうのか？　今、親の姿勢、大人の考えが問われている気がします。

まずは親が自立していないんやったら、それを伝えるのはむずかしいなあ。

親の態度が子どもの自立を阻んでいるということはいっぱいあります。それでいて大きな顔して、生活している人が多いってことやな。

中にはな、「私は私の人生をしたらもうそれでええんや。子どもの人生まで考えていられん。」ってのける親もいる。

それが一番の問題やな。

育ちあがっていないまんまに、あとは知らんっていうて、自分が好きなことやって生きてる人、多いなあ。

親がそうであれば、子どもは自分が何が良くて、何が悪いかってことを判断したりするってことは難しいやろし、責任を取るということも学べん。どんなことが起きても、人のせいにしなかったり、自分を振り返ってみたりという真の心が自立した状態にはなれへんのと違うやろか。

戦後、自己中心主義を推奨してしまった時代があったと思うんや。自分を主張することをただただ勧めていった時代や。

他を顧みて自分の気持ちを抑えてでも周りと和したり、お互いさまで思い合ったり、常識やこれまで大切にしてきた日本の古き良き考え方を大事にしたりすることを人の生きていく本分として、自分の欲や感情を抑えて生きていくこと。

そういうことが大事だと、もし少しでも理解がすることができたならば、それが心の自立ができたということです。

メッセージ

生きるために働くんと違うで。
働いていれば、
必ず人は、「生きる」んや。
仕事をすることだけやなしに、
人の役に立つ行動は、
すべて「働く」やと思います。

今の子どもたちが、「なりたいものを職業にしたいけどうまくいかない」とか、「なりたいものが見つからない」「やりたいことがわからない」とかで、迷ったり、悩んだり、それが理由で働かなかったりということもあるようです。

人間はこの世の中に生まれて、存在すること自体が働くために置いてもらっている。自然の法則というのは、人間は生きて地球上に存在しているという事は何かの役に立つのですよ、働くんですよという事を自然から教えられているということや。

だから自分の本分だけは絶対に尽くすようにして働く、そういう事ですね。

昔からな、「働かざる者食うべからず」と言うたもんです。

本当にその通りやなと思う。私の母親によく言われたもんです。

お茶碗一杯のご飯を食べたならな、その分は自分で働きましょう、ちゃんと社会に返さなあかんでという教えやな。昔はどの家にもあった教えや。それをいつも言われて育ってきた。私らの小さい頃は兄弟も多いし、子どもでも働くのは当たり前でな。

ちゃんと自分のできることを探しては働いてたな。

それが当たり前やと思っていたんや。

とにかくまだまだ生きていくだけでも厳しい時代やったからな。小さい子どもかて、自分の食いぶちくらいは働かんと、生活などできんかった。

口減らしのために奉公に出されたりもしたもんや。まだまだ小さい子どもでもな、少しずつでも自分のできることを体で覚えていく。

それが今になってもまだ役に立っているんやから、大事な経験をしていたと思うんや。

今は世の中もずっと豊かになって、働くのは大人の仕事みたいになってな、家の中でも子どもが働くという機会がうんと少なくなってしもうたなあ。

働くというのは、職業につくという事だけやなしに、大きな意味ではな、人の役に立つという行動は全て「働く」やと思うてます。だからどんな世の中であっても、本来は生きている限り、誰にでも働くことはできる。

みんな、生きるために働くと思うているやろ。お金を稼ぐためとか、食べていくためとかな。でも実は逆なんやで。働いていれば、必ず人は生きるんです。

メッセージ

今はすべてが便利になって、
人は一人でも生きていけると
思い違いをしやすくなったなあ。
でも誰も一人では生きていけない。
支え合わないと、
決して生きていけないんや。

働いていると、人は自然に「誰かの役に立つために、人間は生かされているのだ」と思えてならなくなってくる。

私は命の誕生に向き合う仕事をしてきたから、やっぱり人間がこれまでどんなふうに歴史を重ねて生きてきたのかという事を考えるんです。

人間は生まれた時から本当に未熟で、絶対に一人では生きられない。そして、他の人間と助け合って初めて生きていくことが出来る。群れることでこれまで命をつないで、生き延びてきたという事。

だからこそ、人間は誰かの役に立つという事を自然に求めてきたんやと思います。

長い歴史の中のそのほとんどは、助け合わないと生きていけなかったはずなんです。

今は全てのものが便利になり過ぎてしまって、一人で生きていけるといった思い違いをしているのかもしれません。

子育てもおんなじです。

やればやるほど、一人ではうまくいかんということを実感してくるはずなんです。助け合って、生き延びるためにも、自分も誰かの役に立ちたいと思うのは本能というか、人間の根本だと思うて私は生きてきたんです。特に思春期の、多感な時期の皆さんに、声を大にして伝えたいのはこの事やなと思うてます。

メッセージ

人としての本分は、
誰かの役に立つこと。
「誰かの役に立ちたい」
そう本能で感じ取れたら、
その子どもはもう心配いらん。
生きてる実感が持ててるはずや。

私はよく母に「社会に返す」とか「社会から恩を受ける」という言葉を言われてきました。最近はそういう考え方が、薄れてしまってきている気がするのです。

される一方で、恩恵を受ける権利ばかりが主張されるのですが、それを返すということ、返さなければならないのだという考え方が危うくなっている気がします。だから社会のために何かをするとか、無償で何かをするという事を意味がないと感じている人が増えているのではないでしょうか？

働いたことに対する見返りは、必ずいつか自分に戻ってくる。

人の見えないところでした良い事もまた、その場での見返りもなくしてきた良い事は、いつかどこかわからないけれども必ず返ってくる。

それがどこで返ってくるのか、私らにはわからないところが見事な天の配剤や。

今の人は何かをするとすぐに自分に返ってくるか来ないか考えるみたいやな。

こないとやる意味がないと思うてしまうところがあるようやけどな、例えば自分の時には返ってこないかもしれんけど、自分の子どもの時代にもしかしたら返ってくるかもしれんよと昔からそう言うて来たもんや。

逆もありでな、今自分がしてもらった事は、自分が生きているうちに誰かに返しておかないと、この分は子どもが返すことになってしまうと言われたもんや。自分だけ良ければいいんだという考え方は、人間の本来の生き方とは違うんだという事を、今ここで立ちどまって考えてみないといかんという事です。

これからの時代を担う子どもたちこそ、これまでの大人が自分さえ良ければと生きてきたそのつけを払わされてしまうかもしれん。それではかなわんと思うたなら、素直な心で感じて、生まれた時から持ってきた人としての本分、「誰かの役に立って生きたい」という心を忘れんと声を大きくして大人のこれまで作ってきた世の中を変えていってほしいと願っています。

メッセージ

母の生き様が子の生き様になる。
生きるために必要なことは何か。
それをとうとうと語るんでなしに、
背中で語ればそれでええんや。

物事というのは投げやりに考えていたらその本質は見えんけども、本当に真実というのを探ったら、その真実を持って生きている人は何も迷わんし、ぶれん。

私の母親は、いつでも腹のしっかり座った、状況判断して処してきた人や。学や知識ではなくて、これまでいろんなものを見て、経験をして、そこからいつでも学ぶ姿勢を持っていたからこそ、そういう腹のすわり方をして生きてこられたのやな。

それだけのことが出来るだけの器はな、どの女の人にもあると思うんや。

ずっと考えてみると、一事が万事ずうっとそういうふうに通じていくな。

私は母親の生き様を見ていると、自然主義の考え方が良くわかるわな。

昔、子どもの頃はな、具合が悪いと病院なんかには行けへんから な、鍬を持って行って、その辺をうろうろして、草の根掘って煎じてくれて、それで治る。それを考えたらな、合理的に自然の中で生きてるなって感じる。またすぐにそれを行動に移すという事はな、やっぱり愛情がなかったらできへんな。

母親が心配してやってくれたいろんなことをようけ覚えているけれどもな、やっぱりすごいなって思う。

自然の活かし方も良く心得ていたし、自然に生かされていることも良くわきまえていたし、それ一つ考えたなら、今は蚊に刺された程度でもすぐに病院へ連れていくやろ。

何せ今は、子どもの医療費はタダみたいなもんやからな。

でも、うちの母親はそういう考え方はせえへんねん。タダやない。誰かがそれを払うてんねん。

自分はタダでしてもらいよるけど、誰かがお金を払ってるねん。それは税金で払っている。そこまで考えて生きていた。今の人の考え方だけでいったら、いつか国を食い潰してしまうな。

一事が万事そういうことやからな。今考えてみたらな、ほんまに偉い人やったなあと思うで、私の母親は。無学の人やったけれども、生きていくために必要な事は全部私に教えてくれやったもんなあ。

メッセージ

どう生まれたか。
どう乳児期を過ごしたか。
どう幼児期を過ごしたか。
どう思春期を過ごしたか。
あなたの今は、未来へ続いていきます。
おのれが作った車に乗って。

人の生き死にと言えば、死にざまというのは千差万別ですよ。死にざまについて、心に残っている言葉がある。

「火の車、作る大工はおらねども、己が作りて、己が乗り行く」

平清盛の死にざまについていうてる言葉です。

だれしも台所が火の車と言われるような、生活に困窮した生き方はしたくありませんが、お金が不自由するのも、あるいは人生に難問が降りかかってくるのも、みな自分自身の思いと行動の結果ですよ。

特別なことはせんでええ。毎日毎日を大切に過ごすことや。それが未来へと繋がっていくんや。

メッセージ

選挙権を持つということ。
税金を納めるということ。
それは自立へのはじめの一歩。
当たり前の生活をしながら
平穏無事に暮らすことが、
一番の社会への恩返しや。

選挙権を一八歳から持てるようになったことで、社会に対しての責任や、大人になることの意味を考える人が増えたのはええ事やと思います。

大事に大事に育てられて、そして特別偉い人とかやなしに、普通の人間として当たり前の生活をしていって、自分たちが税金を納めて、平穏無事に暮らすという事が一番の社会に対するお返し。

そんなに大きな事ではないんや。

そやから税金を納めるという事は、今の道路がこんなに走りやすうて便利になるというのも、自分たちの税金でみんな賄っているんだという事をな、やっぱり実感して、感謝して暮らしていくのが一番ええな。

自分たちはそういう形で社会に返すことが出来るんだよという視

点で教えられていないから、そこを本当に意識させてあげるというか、できている人には褒めてあげるというか、とにかく実感させてあげることが大事やな。

自分の身近で受けている恩恵を忘れるくらいに何にも思わないでいられるようになってしまっているんやろな。

今はそれを再認識することやな。それができたなら、その事がきっと、心が自立したという証明になるんやないやろか。今回この本でお話してきた事は、実は昔から言い伝えられてきた事ばかりではあるんやけれども、その中の本質を私なりにきちんと説明をして、再認識してもらって、次の世代に繋げていく役割が果たせればええなと思うてます。

第2章

助産所に寄せられた悩み事や質問におこたえします

助産所に「思春期相談」と看板を掲げていることもあり、日頃からいろんな方の相談を受けています。ここでは、その方々に向けてお話したことを、一部ですが、ご紹介します。

お母さん

なやみ

「毎日働き通しで
頑張っているのに、
子どもがちっとも勉強せず、
家の事もしません。
言ってもきかないのですが、
どうしたら良いでしょうか？」

先生

こたえ

「勉強する」というのは日々の習慣です。勉強する時間、遊ぶ時間のめりはりがつけられるように、その子に相談するように話してみてはどうですか？　それで少しでも改善していけるようならそれで十分やと思います。

お母さんが一生懸命に働いているからといって、子どもが黙ってても勉強するようになるなんてことはありません。たまにそういう子もいますが、それは赤ん坊の頃に十分に愛情を注いでもらって満足しきった子どもだからで、それが普通やなんてことは決してありません。

子どもが目指すところをはっきり決めて、お母さんも考えていることを言うて、そこで妥協点が見いだせたらそれをしていく。それが一番良い方法なんです。

子どもは考えていないように見えても、実は考えてるんです。自分は将来どないしようかということを、自分のにちにちの行動と照らし合わせて、自分なりに探しながらやっているんだと思うんです。

子どもはな、親の期待を感じて、それを叶えてあげたいという気持ちをいつでも持っているもんやから、それが自分の思うてることとあまりにもかけ離れていたりすると、それなら黙っとこか、となる。

この黙っとこかが長引いてくると、親子の間はちぐはぐのままやな。

とにかく子どもが納得するかせんか、それだけなんです。勉強うんぬんもな、本人が納得すれば放っておいてもやりますよ。子どもが変わらん、どうもならんと悩んでいるのなら、頭からそれを子どもにぶつけるのはもってのほかや。

自分の心構え一つ。親の心構えが子どもにうつるんです。何事も絶対に自分が元ですわ。

でも大丈夫。お母さんが、仕事のことも家庭のことも一生懸命に頑張れる人なんやったら、心構えさえ見直せば、どんなに忙しくても子どもとの関係に思いをはせることはできるはずや。

お母さん

なやみ

「最近子離れが
できない親が多いと
思うのですが、
どう思われますか?」

先生

こたえ

親離れ、子離れというけどな、私は離れたらあかんと思いますよ。

親子は絶対に離れるもんではないんです。

思春期に関係なく、大人になっても「その人の事を感謝の気持ちで思う」とか、「子どもの事をいつも心のどこかで気にかける」という気持ちは、終生離したらあかん思う。

二十歳になった、大学を卒業したという節目に親元を離れる事はあっても、離れたら一層親の事を思うというのが人間ですからね。

「子離れできないなあ」とか、「親離れができないわあ」と悩んでいる人も多いとききましたが、それは自分中心に考えて親離れ、子離れという言葉を使っているんやと思います。

そういうことではなしに、大きなってきたら、その子の人格や生き方を認めてやって、そして進んでいく道を見守っていく。

それは親離れ、子離れとかそんなもんじゃないです。ずっとつながっていくんです。

妊娠中、母と子は「へその緒」でつながっている。そのへその緒を切った瞬間、今度はどうやって親と子がつながっていくのか。それは、「親子の情」というものでずっと、終生つながっていくんです。

経済的な部分で自立していくとか、家を出るとか、その時その時でつながる形は社会の環境やらいろんなことで変わっていくけれども、親子の情愛っていうものは壊れるとか離れるとかいうもんではないんです。

情が深すぎて離れられんという事がもし問題になるというのなら、それは親の自分勝手な考えによるエゴだからです。

子どもが問題なく大きくなってほしいとか、楽チンに生活していってほしいとかいうのは、自分が将来その子どもに助けてもらって生きていこうという事をものすごく思っているから。

もしかしたらそんな気持ちがありはしないかと、よくよく自分と向き合ってみることです。

お母さん

なやみ

「3人姉妹を育てています。
同じように育てたつもりですが、
お姉ちゃんばかりずるいとか、
妹にだけ何々してあげるんだとか、
毎日言われてどうしたら良いのか
わからなくなってしまいました。」

先生

こたえ

厳しいようやけどな。お母さんがこの三人を本当に大きな心でね、全部おんなじに育てていたらこんなことはないんです。

どうしても育てやすい子どもとそうでない子どもがあります。やりにくい子どもには、どうしても責めるような言葉を投げかけることが増える。この子はやりやすい、この子はやりにくいという思いを強く持っていると、子どもはそれを感じて親に反発します。

親が心の中だけだとしても、子どもを差別して育てた。その事が元ですわ。自分の言葉の中に、子どもをつく（責める）ような言葉がないだろうか。自分の胸に手をあててみてください。心の中に少しでもあるのなら、よっぽど考えてそれに向き合っていかな。

例えば理屈っぽい子がおるとする。日頃接していて、嫌やなあと思うだけではなしに、「いつもそんな理屈っぽいことを言うてたら、社会からはみ出てしまうで」と言って、諭すような教育してやらんといかん。

親も反省してな、「あんたの性格が理屈っぽくなってるのはお母さんのせいかもしれんな。そんなら一緒に直そうか?」そんな気持ちにお母さんがなっていくことが大事なんです。

「社会に通用する人間になっていこうな。お母さんも大いに反省しているんや。だから一緒に直していこうな」と宣言するんです。

女の人は、ガミガミ言うたり、比べたり、自分勝手な事を言うたりするのが本性。だからなるべくその本性を教養とかで乗り越えていって、自分を高めていく努力をすべきや。そうすると子どもはちゃんとわかる。

その上で、娘さんたちにどうなって欲しいかを、言葉で言うんでなしに、心で念じる。時間はかかるけどその子は必ず変わってきます。言葉にすると、子どもは必ず反発してきます。念じるのは言葉で言うより長くかかるように思えるけど、実は近道なんやで。

余計な事は言わんと、ただただ心でその子の幸せを念じてやる。それが一番効果あるんです。

お母さん

「高校生になる息子がいるのですが、自分のことも母親である私に平気でやらせようとします。断ると「使えねえなあ」「死ね」などと逆ギレします。このままじっと耐えていた方が平和なのでしょうか？　ずっと家にいたいとか、お金をくれとか、自立する気配が全くありません。」

なやみ

先生

こたえ

う〜ん。こういう子どもに育てたっていう、お母さんの責任は重大やなあ。お母さんがこの子に対して恐れおののいている。

自分が産んだ子どもだから最後まで責任を持とうという確固たる信念がないんやな。

逆ギレするというのは、自分が逆ギレするように育ててきたんです。

これはもう、この子と一緒に四国のお遍路参りでもするくらいの覚悟がいる。生まれ変わるくらいの積極的な気持ちで向き合わんと。耐えて、黙っているなんて消極的な考え方ではどうにもならん。

子どもが高校生になったら、自分というものをはっきりと自覚して生きていくことを教えていかな、この子はいつまでたっても同じ場所で行ったり来たり、行ったり来たりして、苦しむことになるんやで。

家にいたいとか、お金をくれとか、そりゃあ言いますよ。これまで自立するような育て方をしてないんやから。

これを直すにはな、ほんとに赤ちゃんに引き戻して、もう一度赤ちゃんから育て直すという覚悟が必要なんです。これは難しいですよ、大きなってますからね。

子どもは親を疎ましく感じながらも、実はうんと依存してるからなあ。

お母さんも、こう言いながらもこの子に依存してる。お互いに依存し、離れがたくなってはいるけど、真の心の密着はできていないんや。

本当の意味で密着できるようになったら断ち切れる。

子離れ、親離れというけどな、親子の縁（えにし）は一生もんや。いくつになったらもう終わりなんてことはない。

いくつになっても、お互いに気遣い合いながら、それぞれが心は自分の考え方に沿って生きている、それが本当の心の自立や。

だから、この子はこの子の今の姿のままでどうしたら良いのか、まずは今の姿を認めきって、それから赤ちゃんの時にできてなかった、本当の意味での肌が触れ合うような密着と、気持ちを向かい合わせるという心の密着をどうしたら取り戻せるか、真剣に考えていかなあかん。

本来そうしてあげなあかん時、つまり生後一年以内に何か途中でわだかまりができたんやろな。そやから親子の間での信頼が作られていく時期にそれができんかった。なぜできんかったかは、あなたが一番ようわかっているはずや。

自分のことにばかり気が向いていたり、夫婦の関係がうまくいってなかったり、子どもを育てていくという事に覚悟ができてなかったりしとったのかもしれん。

子どもはな、一歳までの間にお母さんとゆるぎない信頼関係を作れば、それが大きくなっていってお父さんとの信頼関係を築く土台となり、次におじいちゃんおばあちゃんとの信頼関係を作ることになり、一般社会の人を信頼するという道筋になっていくもんなんです。

お子さんと向き合う覚悟を、今してください。時間はかかる。でも、そういうことをしっかり認識し、お母さんが覚悟をしたら、子どもはきっと変わる。

逆ギレしながらも、お母さんのことばっかり気にしてるんやから。お母さんの心の変化、覚悟にも絶対に気づいて感化されるはずや。

お母さん

なやみ

「シングルマザーです。
一人息子には寂しい思いをさせてしまっているのですが、元夫とは嫌な思いをして別れたので、どうしても会わせたくありません。ただ、息子が最近だんだん話さなくなってきて、何を考えているのかわかりません。
今後どうしたら良いでしょうか？」

先生

こたえ

それはお母さんに対する暗黙の抗議ではないやろか。

お母さんは別れた旦那さんとは血のつながりがないから何も感じないかもしれないけど、子どもはな、血をお母さんとお父さんから半分ずつもらって生まれてきているんや。

自分の感情や恨む気持ちは脇において、子どもの気持ちを尊重してやってほしい。行き来したいというたら、それはさせてやらんと。押さえつけられた思いはいつかお母さんに向けて爆発するか、諦めて無気力になるか、どちらにしても良い結果にはならん。

お母さん

なやみ

「会話はあるのですが、本音で話してくれているのかが読めません。何を考えているのか、わかりません。」

先生

こたえ

子どもは自分の本音を、お母さんが真剣にきいてくれているという風に感じられなかったらなかなかしゃべりません。親の期待することと、自分の思うことが違うと感じる時は余計やな。

親は今、夫婦間がうまくいっているかとか、仕事がうまくいっているかとか、子どもは絶対見てる。絶対分かってる。

例えば、お母さんはいつもお父さんにこんなことを言うてるなとか、そんなんをよくよく見てるんです。それを見ながら、本音をしゃべったらどうかってことを考えている。

もし少しでも本音を見せる瞬間があるのなら、それに対してお母さんも、「そうか、あんたはそう思うてんのか。そんなら……」というように本気の態度で向き合っていかないと、本音の語り合いというのはできません。

真剣に話すことを前提として、親は常に子どもとの間では本気の姿勢でおるとな、物事は不思議とスムーズに運んでいくもんや。にちにちの生活の積み上げが大切だっていうのはそこなんです。ちょっと話そうかっていう雰囲気を作ったり、何でも親に話せるというそういう環境を作っていくというのが一番大事。

そもそも、親の方が子どもが小さい時から、「お母さん、ちょっと聞いて」と子どもが言うてきた時に、「今忙しいから」とか「手が離せんから、静かにしといて！」という積み重ねがあったら、「もう親に何言うても仕方がないわ」となるわなあ。

子どももある程度大きくなってきたら、一個の人間として対応していくという姿勢を見せていかなあかんな。

不思議なもんで、親が自己中心的な見方ではなくて、子どもを中心に据えて物を見ていくようにすると、子どもの事がよく見えてきます。お母さんがそれを真剣に考えるようになると、自然と子どもの状態が正しく見えてくるもんや。

お母さん

なやみ

「子どもが、私と夫の関係を
いろいろききたがります。」

先生

こたえ

一〇代どころか、四、五歳の子どもでも、夫婦間のことは実はもう何でも分かっているもんなんや。子どもが「お父さんのどこが好き？　お母さんのどこが好き？」ってきいてくることがあるんやとしたら、それは大人同士で遠慮し合って言いたいことを言わないで会話もなく過ごしていたりするんと違うかな。

親が本音で向き合って過ごしてはいないなって、子どもなりに受け止めているってことや。だから、そこに疑問がわいてきて、ききたなってくるんです。これは子どもがみんな疑問に思うていることの一つです。とにかく大人が思っている以上に子どもにはお見通しだってことです。

だから子ども扱いして、こんな事は言わない方がええやろと、子どもの前で本音で話をしない習慣がついてしまうとな、「お父さんとちゃんと話をする気はないんや」とか、「お母さんのこういうところが嫌いなんやな」ということになってしまう。

親に心を閉ざしてしまうことにならんようにするには、夫婦間でのコミュニケーションも大切なんや。もしお父さんを嫌いやと子どもが言うなら、夫婦を何年かやっていれば相手の良い所も悪い所も分かっているはずなんやから、お母さんが子どもに「お父さんはこんなところもあるけどな、それは許してあげて。仕事は一生懸命にやってくれて、家族を支えてくれて、ご飯を食べられるようにしてくれてるやから。お父さんのいう事はちゃんときいてな」と、お父さんを尊重する言い方で諭してあげて欲しい。ただお父さんをくさしたり（けなしたり）するんじゃなくて、「あの人にはこんなところがあるけど、こんなええところもある」というふうに大人が妥協点を見つけて、お互いに許し合っていく。子どもは許せんと思うてても、お母さんにとってはここは許せることやでっていうことを伝えてやる。大きな目で見たら、こんなええところもある、という考え方を伝えて、子どもにしっかり納得させてあげてほしいです。

お母さん

なやみ

「昔も思春期ってあったんですか？　こんなにも子どもが反抗してくるのは、現代ならではなのでしょうか？」

先生

こたえ

思春期という時期はな、心にいっぱいもやもやが出てくるな。そやからこのもやもややイライラや自分では抑えがたい感情が出る時期をうまく乗り越えていくには、相当に強固な信頼関係ができてないといかんのや。

　昔はな、思春期自体はあったし、もやもやもあったけどな、今のような陰湿なもやもやではなかった。さっぱりしたもやもや。例えば自分が気になってることをぶつけたとしても、一回何かきいてみて、答えが返ってきたら「ふーん」というて納得するようなもんや。小さい時にしっかり心も体も結び付いて、信頼関係が出来上がっているからな、最小限に抑えられていたんやと思うで。

とにかく一番大事なのはな、生後の一年間、この間に強固な信頼関係を作ること。それができていれば、少々思春期で何かが起こっても大丈夫。ここ何十年か、子どもの思春期での様子が変わってきた。親や社会への強い反発だったり、自殺やいじめ、殺人事件など、昔は想像もできないような事が連日報道されたりするなあ。昔はそんなことしたら、親や周りの人がどんなふうに感じるのかを考えて、自分を抑えることができた。今は子どもの方が自分のした事で親がどのような反応を示すのか、試しているようにも思う。

三十歳、四十歳過ぎてから反抗期になる人もおるわな。これはずっとその思いを何十年も持ち続けてるんや。親が強いうちには出せなかっただけでな、親が年を取ってきて、自分の方の力が上だと思えた時にようやく出してこれたんやろ。親が元気なうちは引きこもっていた人が、親が死んだらすっと自立した生活を送るようになった例もあるわな。でもすでに諦めきってしまっていると、そうはいかんけどなあ。とにかく少しでも子供のためにと思う気持ちの強い親ならば、子どもは生まれ変わってくれる。子どもが先に変わることを望んではいかん。親の自己中心的な考えや行動でできた子やからな、親が変わっていくより方法はないんやで。

お母さん

なやみ

「子どもが高校生になり、行事に行くと言っても嫌がるので、一度も行っていません。最近は仕事も面白くなってきて、気にはなるものの、仕事を言い訳にますます子どもとの距離ができている気がします。もう子離れだと思って、自分の生き方を第一に生きても良いのでしょうか？」

先生

こたえ

自分の生き方を大事に生きて、そのはつらつとした生活を子どもに見せて、子どもがその姿を見て、お母さんが仕事であんなに楽しそうにしてるから、私も何かの仕事をしてみようかなというようになったら、むしろ子育てとしては一流にできたという事ですわな。

だから、仕事を大事に生きていこうと決めたら、自信持ってやっていったら良いんです。

例え言葉はなくても、「あんたのおかげでお母さん仕事できてるんやで」っていう感謝の気持ちを持って過ごしていたら、子どもには必ず伝わるもんや。

お母さん

「18歳の娘から妊娠したと
言われました。相手も同じ歳で、
学校を辞めて働くので結婚したい
と言われました。進路も決まって
一安心だと思っていた矢先で、
悔しい気持ちばかりで
喜ぶ気持ちになれません。」

なやみ

先生

こたえ

お母さんが自分の立場や世間体、そうしたものを大事に考えてるんやな。男の子の方は、学校を辞めて働くって、はっきりした意思表示ができている。ここは喜んであげないかんな。産んで育てるっていう覚悟ができているんやから。今の時代、相手が妊娠したっていうたら、男の人が逃げていくっていうのが関の山や。自分達で生きていこうと言うなら、まともな考えを持ってやっている。それに対して力を貸してやって欲しい。

お母さん

なやみ

「子どもには自発性を重んじているつもりですが、ついつい自分が思春期に後悔したことに関しては先回りして防衛しようとしてしまいます。「他人に迷惑をかけなければ好きなようにすればいい」というと聞こえはいいですが、「迷惑かけながら覚えていくこと」と「これは行き過ぎ」の塩梅が難しくて。」

先生

こたえ

お母さんも子どもの頃にな、先回りしていろいろ言われて育ってきたのではないやろかね。親は不思議と自分の育ってきたようにするなあ。まず第一に自分の育ってきた来し方を考えてみるといいな。例えば自分が子どもの頃に親に押さえつけられて、自分のしたいことができなくて、自分が親になった時にその気持ちが残っていて、それを子どもにやらせるというのがあるが、これは親のエゴやな。

じっくり子どもと話したら、解決することやと思うで。本当にやりたいことは何なのかを、自分の気持ちは一度脇に置いてじっくりと聴いてみる事やな。

　子どもが自分で出した答えというのはな、それが幸せになるのか、そうでないのか、正直やってみないとわからん。でも、どっちになったとしても自分で選んで答えを出したということが大事なんや。

　ただ、親は自分がおおらかな所を見せたいという気持ちから、本音は違うけど、ついいい子どもに合わせて物わかりの良い親を演じてしまうところもあるやろ。これは気いつけないかん。絶対に踏み外したらいかんことや。

　守らなければいけない約束事が家族の中にある。それはな、親はどんなことがあっても譲ったらあかんのや。もしその約束事を親子が意識して生活してこなかったのなら、えらいことや。

　まずは家族の中で大事にしたいことは何なのか、親はしっかりとした柱になる部分を夫婦で話し合わな。それから子どもにもしっかり向き合って伝える。親が覚悟を持って話すのであれば、どんな年齢になっていたとしても子どもは黙ってきいてくれるはずや。それができない時は親の方がまだまだ腹が決まっていないか、ちゃんと真剣な気持ちで、子どもを信じて伝えることが足りないんやろな。

　この塩梅というのはね、自然に起こってきた事に対する処置の仕方、それに尽きると思うんです。

　これは、子どもは毎日毎日の、育っている生活の積み重ねからしか学べん。

親がどう生きて、どう選んで、処置しているかを子どもは黙って見ているんです。親の方にそれだけの緊張感というか、生活に対する覚悟を持っていれば、分かってくるんやけれども、これは理屈ではないんやなあ。

いつも親と子どもが何でも話せる環境づくりをしておくというのはな、子どもが行き過ぎてしまったり、迷っているなという事を親が早くに気付いて、先回りではなく、自然に起こってきている事への最高のタイミングでの処置ができるようになる。この違いが分かるやろか。

先回りは本人がどう思うのかに関係なく、親の方が「こうなったら困る」というエゴから、あれこれ言うて親自身が自分自身を守るためにやっている事や。親は自分が生きてきた経験があるからな、このまま行ったらこうなるなっていう想像がつくし、そうなったら大変だと思うのは親心でもある。でも本人が納得しなかったら、それは心からはきけんしな。いつも親と自然に話す環境があればな、子どもは親の想像しないようなことを考えたり、起こしたりするもんやからな、それが起きた時、もしくは起きそうな時に子どもから話してもらえたら、最高のタイミングでどうしたらいいかを一緒に考えることができるやろ。

その時がな、親が自分の経験なり、考えなりを子どもに話してやる最高に良いタイミングなんや。

お母さん

なやみ

「どうしても我が子が可愛く思えません。自分の嫌なところばかりが似てしまい、自分を見ているようで嫌なんです。」

先生

こたえ

自分というものに自信がないんやな。自分の暮らしてきた生活に自信がない、つまり今までの暮らしは自立した生活ではなかったということやな。親自身が自立できた生活ができているのなら、こんなような言葉にはならん。いくら高度な教育を受けていても、自分の心の自立ができていない。

自分を心から好きやと思うのには、早道はない。今からでも遅くないから、自分のためにも子どものためにも、何か大事にできるものを見つけて、一日一日を精一杯生きる癖をつけていってください。

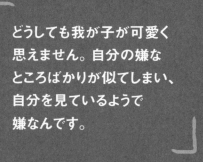

お母さん

なやみ

「異性との身体の違いや
性行為についてや避妊については
学校で教わってきたみたい
なんですが、先日「セックスしたら、
何が悪いの?」と真顔で聞かれ、
どう答えたら良いか困りました。」

先生

こたえ

セックスはしたらいかんというものでは絶対ない。

もしセックスがなかったら、国はつぶれてしまいますよっていつも言うてるんです。だから、それを有効に使うように、結婚するまで大事に取っておくという気持ちが大切なんやっていうことです。

自分で職業を決めて、一人前に働いて、自分で税金を納めるようになってからセックスしなさいって教えている国もあるそうです。

子どもを産んで育てる準備ができてからセックスをするというふうに考えなあかん。

セックスをしたら、子どもができるっていうのをちゃんと責任をもって考えなあかんのです。

思春期の真っ只中の頃に自分の思う通りにセックスしてきた人はな、結婚してからのセックスが逆に少ないという人が多いみたいやな。

ただ楽しむとか、思うがままに興味本位でセックスをしてきて、あきてきたんちゃうかな。枯れてくるんやな。

その辺はおもしろいもんやなあ。ちゃんとセックスのことを真剣に考えて、相手を大事に大事に考えている人にはちゃんと子種が残っているもの。

セックスは、そこに精神性がひっついて、はじめて子どもを後の世代につないでいくといったことになっていくと思うんや。

セックスを大事に考えん心の人には、やっぱりそういう心の人が寄ってくる言うんかな。

大体、「同類親和の法則」いうてね、よう似た考えの人が寄ってくるんやってよ。心が貧しい人のところには、心の貧しい人が寄ってくる。勉強ができるとか、できないとかそんなんやなくて、心の問題や。

これはほんまにおもしろい現象やな。やっぱり人間性の奥底に、そういう何かがあるんやな。

お母さん

なやみ

「子どもと働くことについて話をしていた時、「正社員じゃなくてバイトがいい。それの何が悪いの?」と聞かれ、なんと言ったら良いかわかりませんでした。」

先生

こたえ

まずはそのお子さんの言い分を徹底的にきいてあげてください。

そしてその一言一言に対して、お母さんが生きてきて思ったこと、失敗したことを元にしながら、率直に話してあげてください。

何でバイトでも良いのではと思う気持ちになったのかをしっかりきく。

例えばバイトは気が楽で、辞めるのも変わるのも自由だからというような返事が返ってきたら、その子にはあまり急がんと、ゆっくりと考えてみることを提案してほしい。

その子の一生についてのことや。簡単では

ないけど、時間をかけて考えてみるのも一つの方法やと思うな。

親御さんの方がゆっくりと焦らず、本人の意志を確かめてみる。

大人になって、何で仕事をせなあかんのか。それは温かい家庭を作り、家族を心配なく養っていくためや。

いつかそれに気づかされていくだろうことも、徐々に教えていくと良いと思います。

大事なのは、ご自分の生きてきた道筋をご主人と共に振り返って、真剣に話し合われることですよ。失敗したことも、洗いざらい話し合って、それをどう乗り越えたのか、乗り越えなかったことは何なのかを徹底的に話し合うんです。もしかしたら親御さんたちも、働くことの根本について忘れていたり、見失っていたりするかもしれん。

子どものそんな疑問、投げかけがきっかけで、大人が気づかされることがあるかもしれん。「働くこと」に限らず、答えに困ってしまったこと、なんて言っていいか困ってしまったことについては、そのままほおっておかず、「チャンス」と捉えて、とことん意見をぶつけあったらええ。その時は答えが見つからんでも、「お母さんが真剣に向き合ってくれた」ということ自体、お子さんにとっての小さな感謝に繋がり、やがては社会への感謝に繋がるかもしれんもんなあ。

おばあさん

「おばあちゃんとして娘の子育てを見ていると、旦那さんにも偉そうな態度をとって、子どもにも言いたい事を言っているのが気になります。自分は美容だのショッピングだのと自由気ままに過ごしているんです。孫の行く末が心配でなりません。」

なやみ

先生

こたえ

お母さんが常にガミガミ言うて、こどもを押さえつけるような人やと心配やけど、そうじゃなくて自分の興味のある事ばかりに向いているだけやというのなら、子どもはちゃんと見ていてきっとわかっていると思いますよ。「お母さんが日常生活の中で楽しみが他にないからや、仕方ないな」と子どももどこかで分かっているように思いますよ。真面目で、自分にばかり意識が向いて子どもに年中ガミガミ言うてるお母さんよりは、子どもにはこんなお母さんの方がまだおおらかに見える。

子どもにとっては、一緒にいて気持ちが楽

やからな。「まあ、お母さんのああいうところも許してあげなあかんなあ」くらいに思うてくれるもんですよ。

例えば洗濯物が山のようになって、いつもそこから引っ張り出して生活しているようだったり、家の中がなかなか片付かんことになっていても、子どもの方は仕方ないなくらいにしか思うてないもんやからな。

常に几帳面に生活して、子どもにばかり意識がいって周りにガミガミ言い続けているよりも、なんぼかましと思うてあげたらええんのとちゃうかな。

「好きな事をやっているのならええんやないか、お母さんの楽しみなんやから」とお孫さんに言うてあげられるくらいに構えていると楽になりますよ。

娘さんが、自分の楽しみなんてなんにもなくて、子どもに依存してるよりずっとましや。

美容にも買い物にも興味がなく、子どもだけに尽くしている……一見いいお母さんに見えるけど、そういう人の中には子どもへの依存がきつくて、子どもが自立しそうになるのを無意識のうちに阻んだりする人も中にはいるからな。

おばあさん

なやみ

「70代になって孫ができ、娘の子育てを目の当たりにする機会が増え、自分の子育てについて振り返ることが増えました。

今の時代の子育てに足りないものは「自然」「親の働く背中」「家庭内の笑顔」だとききました。

今、子育てに行き詰まっている親が多いのは、私たち世代の子育てが影響しているのでしょうか?

先生は私の母親と同じ世代ですが、先生の子ども時代の子育てと、先生が実際に子育てをしてきた時期では、何が違うのでしょうか?」

先生

こたえ

おばあさんはご自身の生きてきた道筋に疑問を持っておられるんですね。

私自身もね、私たちが一生懸命考えてきた生き方は、これで良かったのかなあと思うことが多い昨今です。

戦後の暮らしが、こんなに変わることになろうとは……。想像もつかなかったという思いです。

まず自然が変わった。人の暮らしが変わった。人の心が変わった。中でも大自然がこんなに変わってきたのは驚異です。

でもな、考えてみたら一本の筋の通ったこ

とはちっとも変わっていない。脈々と伝わっている。

だから、自信を持って一日一日を誠実に生きることです。昔の苦しかった時代を思うたら、今は殿様の暮らしやないですか。つまり真に大事なこと、子育ては親が手本になるんや、ということは今も昔も何ら変わりません。人間としての行いは、現在流になったとしても正しく実行していく。

それを見ていたら、子どもはやかましく言わなくても、真似をして生きていくようになるんです。

世の中の変化が激しくて、なかなか伝わらんように感じるかもしれんけど、諦めたらあかん。

いつか必ずわかるときが来ると思って、胸を張ってご自分の人生を全うしてください。

あなたがそうしていれば、まず娘さんがそれに感化されます。そうしたらお孫さんにもそれが伝わります。

私の母親世代の子育ても、私がしてきた子育ても、私の子どもらの世代の子育ても、子育ての根本は、なんら変わらないと思ってますよ。

ななめの関係の人

なやみ

「子どもたちと接する仕事をしています。どんな接し方をしたらいいのか、どのようなことを核にして接してあげればいいのか、悩むことがあります。」

先生

こたえ

子どもに直接接している仕事の人ならば、答えは一つ、明快や。自分が楽しく生きるという以外に方法はないわ。伝えたいという人が、実生活の中で自分の態度で表すしかない。自分が今どう生きて、どんな事を思って仕事をしてるか。誰かの事を思ってしているのか、それとも自分のためにだけなのか。それによって大きな違いができてくる。同じことをしていても、心は人のためを向いて、人さまのお役に立つという事を考えて生きているかどうかで違ってくるんや。

あなたが子どもたちに伝えたいと心から

願っているのなら、自分にはこれだけの収入があって、これだけのお金があったら一日どうにか一椀のご飯にありつくことができる、自分は命をつないでいけることができれば十分ですという事をまず自分が実践せなあかん。

口では何とも言えるんやけどな、誰かに何かを伝える時にはな、実践しかないんや。心の作用というものはもの凄い。これは宇宙です。心というのは宇宙。宇宙というのは神仏（かみほとけ）の領域。

人間はな、自然の中で生かされて生きているという事を少しでも悟っていかなかったとしたらぎくしゃくする。

だから自然に和合して生きていくという事が、本当に生きていくという事。だからそれに逆らってることには良い事は一つもない。

「自然に生きてください、自然に」私は人に出会うたびに、これを言うてます。それだけしかない。

自然に生きるというのはな、自分なりの生きられる範囲の事。そこで無理なことを考えると、ぎくしゃくしてくるんです。

自然の流れに身を任せてみる生き方というかな、何でもかんでも自分の我を通すのでもなく、周りから来たものを受け入れてみようかというのも、自然に順応して生きるというのの一つや。

それを子どもにもわかるくらいに説明するというならばね、とにかく楽しく生きるという以外にないの。

ななめの関係の人

なやみ

「子どもたちと接する仕事をしていて、「大人はどうして楽しそうじゃないの?」「なんで大人にならなきゃいけないの?」ときかれることがあり、返答に困ります。」

先生

こたえ

う〜ん。楽しくないなあ。どうしてこの子の周りの大人がもっと日々をにこやかに生活できんかなあ。

そもそも家庭の中がギスギスしているんやろうなぁ。それが子どもにも伝わってしまっている。家庭が暗いというのは、子どもには耐えられん事やからな。親がニコニコと太陽のように暮らしているのが理想なんや。

せめて周りの大人が楽しそうに生きるという事を実践していかなあかんよ。大人が日々の生活の中で、いつもお金のことばかりが頭にあると、やっぱり暗い感じがするな。例えお金がいっぱいあったとしても、もっともっとと望んで、お金を追いかけていく生き方をしてて、今日一日どうにか暮らせたら楽しく生きようというそのおおらかな気持ちが大人に消えてしまっているんやな。

人間はな、おぎゃあと生まれたからには、墓標に向かってただまっすぐに生きていくのやからな。後退は許されん。その間をどう生きるかというのが問題なんや。人間は生まれたら、行きつく所は「死」という事。これは人生には必ず限りがあるという事を意識するという事なのかもしれんな。「生死一如（しょうじいちにょ）」という言葉があります。これは「生きる事は死ぬ事である」という意味です。

生きていく中で何を大事にしていくのか
……。大人があんまりあくせくしてばかりで、そんな姿ばかり見ていて、この子は生きていく希望を失いかけているんやな。

大人が子どもに生きていく希望を与えるのには、まず言葉が大事やな。とにかく楽しい言葉を生きている限りは出していく。ささやかな喜びでも大いに喜んでいくってことが一番大事やな。

お父さん

なやみ

「思春期にさしかかった息子に父親として何をしたら良いのかわかりません。母親は少し息子に干渉しすぎているのではと思うのですが、それを言うとひどく怒るので言えません。」

先生

こたえ

お父さん、ここは出番やな。自分が育って来た時の事、育ちの過程を率直に話してあげたらええ。それが良かったか悪かったかはわからんけどな、男同士なんやから「お父さんはこうして育ってきたんやで」って言うたらええんや。

自分の生きてきた証みたいなもんをちゃんと話してやれば、必ず伝わって、子どもがもやもやしたり、興奮したりする気持ち、つまり思春期の体の事で悩んでいたとしても、気が楽に過ごしていけると思うんです。

第3章

思春期の子の身体と向き合うことについて

私は長年、地域の小学校、中学校、高校へ出向いて「思春期講座」をしてきました。この章では、その内容をみなさんに公開したいと思います。

～小学生に向けて　ある日の思春期講座～

こんにちは。今日はみなさんが産まれた日のお話をします。お母さんのお腹の中ってどんな感じだったか、少しでも覚えている人いてますか？　私たちの想像では、外の世界とは遠くはなれた宇宙ではないかと思っています。

赤ちゃんは、お母さんのお腹の中でゆっくりとくつろいでいるように思っていますが、本当はものすごい働きや動きをしているようです。生命がこの世に生を受けて、現在のようになるまで、三八億年とか四〇億年とかかっているんですが、精子と卵子が結合してから三八から四〇週で、一人前の赤ちゃんになるのですから、おなかの中で過ごす四〇週間は、四〇億年に匹敵する、つまり一週間で一億年の進化をとげていると考えられます。

例えばお母さんが一日お酒によっぱらっていると、赤ちゃんは一四〇〇万年酔っぱらっていることになるそうです。びっくりしますよねえ。またたきしたら、何年でしょうか。そんな日々を過ごして、昔から一〇月一〇日と言いますが、おなかの中の生活にサヨナラをして、産まれてくるんです。

産まれる時は、お母さんの骨盤を通って産道を通って、光も見えない暗黒社会から、光り輝く現世へ、一旦死んで生まれ変わるんだそうです。そうして産まれた時の気持ちは、ヤッターというやり遂げたことへの達成感が強いそうです。人生における第一のハードルをお母さんと自力で越えたという自信は、その人の一生を支えていく基盤となるんだそうです。

それからの大事なことは、お母さんに抱かれて、お乳を飲んで、大きく育って人間として成長していくんだそうです。

第一に自分を大切にして、人をも思いやる心で日々を過ごしていくということです。

ちなみに赤ちゃんが仮死状態のようになってこの世に産まれる時、お母さんも死ぬほどの苦しみをしてこの世に赤ちゃんを産み出します。

あなた方（私も含めて）が、産声をあげる時、家族のみなさんは待ちに待った瞬間をものすごく感動して、涙を流して喜び合います。

産まれたての赤ちゃんは、何一つ自分ではできません。親に大切に大切に抱いてもらってお乳を飲ませてもらって、おむつを替えてもらって、お風呂へ入れてもらって、だんだん大きく育っていきます。

そうして、優しく抱かれて、お乳を飲ませてもらっていきながら、自分は両親にとって、ものすごく大切な存在なのだと実感すると、自分を大切にしなければいけないという気持ちが強くなって参ります。

それを難しく言うと、「自尊感情の醸成」と言います。

その感情が醸成されている子どもは、自分を大切にし、人をも大切にして楽しい青春期を送れるといわれています。

そうして、人と人とのコミュニケーションが正しく生まれ、そして本当に楽しい人生を送ることができるのです。

こんな子どもが多くなれば、いじめなんかはなくなり、学校生活も快適に楽しく過ごせると思います。

みなさんも、好きな人ができて、結婚したら、子どもが産まれます。

自分も大事に育てられて、成長して、今幸せに生かされているという感謝の気持ちを、今度は自分の子どもにお返しをするという気持ちで、間違いのない子育てをしていって欲しいと思います。

これが命を繋ぐということです。

命、愛、絆、家庭は、子どもの安全基地だと心して、楽しい家庭を築いていきたいものです。

この世に女性がいなければ、命を後世に伝えることは不可能になります。

その意味でも、自分を大切に、命のリレーランナーの役目を果たしてくださることを願っています。

～中学生に向けて　ある日の思春期講座～

今日はみなさんに、なんで命が大切なんか、自分たちはどうしてここにいるのか、というお話をして、本当に命って大切なんやという実感を持ってもらいたくてお話しにきました。

今、みなさんにお配りしている大豆を貼付けた教材をよく見てください。

大豆のそばに小さな赤い点があります。見えましたか？　それが自分たちの命の始まりなのです。

小さい小さいものですが、我々の命のはじまりはこんなに小さいのです。生命がこの地球上に現れて現在の私たちのような姿になるのは、三八億年とか四〇億年という気の遠くなるような年月をかけて進化をとげてきました。

その人類進化の道程をめぐって、わずか一〇ヶ月、正しくは三八週か四〇週で三〇〇〇グラム前後の赤ちゃんが誕生します。ですから人間は年齢に三八億年か四〇億年足して数えなさいという学者もいるんですよ。

お母さんのお腹の中で赤ちゃんは一週間に一億年という宇宙規模の営みをしながら大きく成長していきます。決してのんびり静かに過ごしていないのです。「怒濤渦巻く」と表現しても言い過ぎではない旅を経てこの世に生まれてきたんです。

父母がいなければ私たちの存在がないということなので、そのこと一つだけでも親に対して感謝しないといけません。

その上、産まれて一年間手厚く養育して頂かなければ、今の私たちはありません。

そんな風に考えてみますと、親の恩は、海よりも深く、山よりも高いと昔から教えられてきたことが納得できると思います。

親、幼稚園の先生、小学校の先生、中学校の先生、高校、大学……。

社会人になって社会に恩返しするまでには、本当に数えきれない人のお世話になっている。

そんなこと当たり前やないか、と反論されそうですが、世界中の人々の中には当たり前が当たり前になっていない人たちがいっぱいいます。

そんな色々なことに感謝して、自分の立場で生きていっているのが私たちです。

これからみなさんは、中学校を出て高校生活に入ると、色々な楽しいこともあれば、悲しいこともあると思いますが、自分の自信を持って、自分を大切にして、自分で考えて、自分で行動をするという信念で、生活していって欲しいと思います。

それが自立ができている人間なんですよ。

青春時代は、自分に優しく、人にも優しく、楽しい時を送って欲しいと思います。

思春期は、女性は月経が始まり、男性は精通が始まる時期を言います。

それはこれから大人になっていく自分に思いを寄せて、色々なことを考える人生の春の時期に当たります。

これからやってみたいこと、知らないことなど、自分の未来に夢を描いて思いを巡らせているのですが、それと同時に、自分の身体や気持ちの変化に気づき、心配したり、悩んだり、イライラする時期なんです。

でも、そのことは大人になっていくために、通らなければならないことなんですよ。

この頃に、一番気になるのは異性、つまり女の子、男の子のことです。

私って、僕ってませてんのやろか、こんなこと考える自分が好きになれない。そんなこと思う必要はありません。

そんな思いをするのは当たり前のことで、だんだん大人になっていくんやなあ、と思ったらええことなんです。

私は、孫が男の子ばっかりだったので、朝の食卓で食事をいただいている時、子どもたちに、「あんたらもう白い生理（精通）来たんか？　まだか？」「可愛らしい女の子見たら抱きつきとうならんか？」ときくんです。

すると「おばあちゃん、僕らそんなことな

いぜえ」と返事が返ってくる。まあ、そんなやりとりをしながら過ごしたことを覚えています。

そもそも、自分たちは、小さい小さい点から、おたまじゃくしみたいに尻尾がはえてかえるみたいになり、だんだんに進化しておさるさんのような形になり、人間の姿になって来たのです。

その進化の道のりは、妊娠初期からのエコー（おなかの赤ちゃんの様子を見る超音波写真）を見ていきますとはっきりわかります。

一週間に一億年の進化をとげて赤ちゃんとしてこの世に誕生します。

産まれるというしらせは陣痛です。これは、もう出て、いつでも充分生活できます、出ていきますよ、という赤ちゃんからのしらせです。陣痛が始まったら、「赤ちゃんの方からサインを送ってきたな」と思えばいいのです。産まれ方はみんな一緒ではなく別々です。二日も三日もかかる人もあれば、五、六時間で出てくる赤ちゃんもいます。人それぞれです。原因も色々です。

さて、出てきてまずおっぱいを飲みます。

お母さんに抱かれてかわいがってもらっておっぱいを飲むことによって、安心して眠ります。しっかり抱いて、愛情を込めてお乳を飲ますと、難しい言い方ですが、「自尊感情の醸成」といって、自分に自信が持て、自分を大切にする心が育ちます。そんな心が育つと、自分だけでなく人をも大切にして、あらゆるものに愛情をそそぐ人間に育っていくのです。

人生で、最も強く意識する、性に対する欲求が強い時期が思春期ですが、すでに自尊感情が醸成されている子は、性（セックス）への暴走もしませんし、自分も人も大切にして、楽しい青春時代を送ることができるのです。

思春期で一番心配なのは、性の暴走です。そのことを制御できるのは理性のあるなしです。

月経があり、精通がある男女が性行為をすると、妊娠します。

現在日本の社会では、少なくとも高校だけは出ておかないと就職が難しいので、気をつけなくてはなりません。

手を握ったり、キスをしたりするぐらいでは妊娠はしません。

マスターベーションをしても妊娠はしません。

抑えきれない性欲をどう処理するか。

マスターベーションでその時々の気持ちを処理してください。

無理に女性にセックスを要求しては、相手を傷つけてしまいます。相手を傷つけると、自分も傷つきます。

セックスしたいきもちはごく自然のことです。

マスターベーションしすぎて病気になったとか、死んだとかはきいたことがありません。

健康であるという証拠です。

命が大切や、命が大切や、かけがえのない命やと言われ続け、もう聞き飽きたと思うほどですが、毎日の新聞に子どもを虐待して怪我をさせたとか、殺したとか、母を殺したとか、こんな記事の載らない日はありません。

本当に悲しいことですが、これが現実です。

自分の産まれた日のことを、家族の方にきいてみてください。

みんな期待を込めて待ち望んで産まれてきたのです。

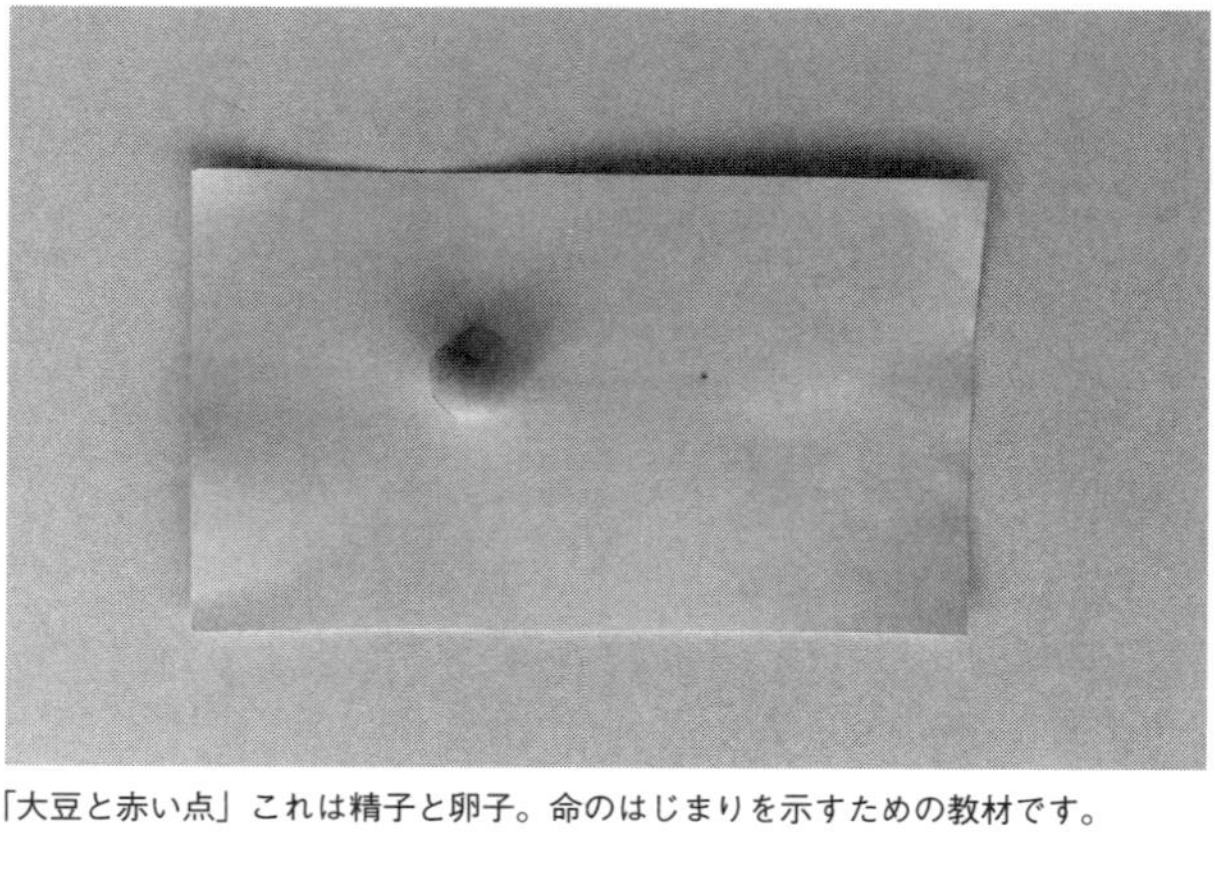

「大豆と赤い点」これは精子と卵子。命のはじまりを示すための教材です。

〜高校生に向けて　ある日の思春期講座〜

みなさんのお手元にお配りしている小さな大豆粒のそばに、小さい点があるのが見えますか？　その点が、私たちの命の始まりなんです。

何とも小さくて頼りないものですね。でもこれが現実なのです。

精子と卵子が結合した姿なのです。

それから四〇日たった時の大きさが大豆の豆の大きさです。

一三七億年前に、とてつもない爆発が起こり、私たちの宇宙が始まりました。

爆発からわずか一〇〇万分の数秒の間に、宇宙は直径数十メートルまで広がります。新しい星が生まれ、古い星が焼き尽くされて、九二億年後焼き尽くされた星の残骸から太陽が生まれて、輝きはじめたのです。

その爆発（ビッグバン）の大音響は、今も宇宙にこだましています。地球誕生して四六億年。その地球にバクテリアと呼ばれる生命の誕生です。

人類がこの地上に現れて、現在の私たちのような姿になるのは、三八億年とか四〇億年の年月をかけて進化を遂げて来ました。

その人類進化の道のりをたどって、わずか一〇ヶ月もしくは三八週から四〇週で胎児は三〇〇〇グラム前後の体重になって一個の人間としてこの世に誕生します。

胎内においては、一週間に一億年という宇宙規模の営みをしながら、大きく成長していくのです。

胎児は胎児なりにただのんびり過ごしているのではありません。

一週間に何億年の進化を遂げているのですが、大変な生活をしているのです。

人が一人この世に生まれて、地球上に生存を許されるということは、ものすごく難しい。至難の業です。

私たちは、両親はもとより大勢の人々の支えによって生かされているのですから、自分の命を大切に守って生きて行かねばなりません。

神様に託された命と受け取るべきかと思います。

自分を大切にできない人は、人をも大切にできません。

人にはそのときどきでしなければならない使命があります。

みなさんは今、勉強をして将来、世のため、人のために役に立つ人間になるために親たちは一生懸命仕事をして、お金をためて、みなさんのために惜しみなく与えてくださっています。

そんな時代に、妊娠出産という問題が起こったらどうしますか?

一番困るのは、あなた方自身なのです。この授業の究極の目的は避妊をいかに確実なものにするかということなのです。

そのために、現在はコンドームの正しい使い方とか、避妊器具の使い方に重点が置かれていますが、私はもう少し男女の性に対する考え方を正しく認識して欲しいと思っています。

命の成立を考えた時、宇宙一三七億年。地球四十六億年。その他地球に、人間の先祖の生き物の始まり（バクテリア）が出現して、三八億年、気の遠くなるような年月をかけて、生き物たちは、ものすごいエネルギーを使って進化発達して、その中で人類は、欲望と高い精神性が調和する様々な精神文化を築き上げてきたのです。

自分のこととして深く考えてください。

簡単に人工妊娠中絶を考えてはいませんか?

男の子にとって、自分の好きな女の子は宝ものです。

むやみに性交を要求しません。本物の愛があれば、なおさらのことです。性交には責任が伴います。

性交は本能です。

セックスがなくては国家社会も存続できません。

命をつなぐという理念に添ったセックスで

なくてはなりません。

男性の欲情に対して、いつも女性は受身の不利の立場ですが、しっかり自分を守って本当の意味で次世代に命を繋ぐという自覚を持って、日々過ごしていきたいものです。

高校時代の男女の交際は、楽しく遊ぶ、お互いにそばにいるだけで楽しい。いろんな夢を語り合う。そんなことではないかと思います。

男の子の生理（欲）は排泄欲ですから、おしっこがたまったのと同じで出してすっきりしたいのです。

愛情がなくてもセックスできます。女の子は少なくとも愛情がないとできません。コンドームを用意して、女性の同意を得て、セックスしてください。

たった一回の性交でも性感染症になります。妊娠もします。女性は相手が責任をとってくれる男性かどうか、見極めることです。そうでないと、妊娠した途端に逃げられますよ。

コンドームは、スキンと表示のあるものは、性病は防げません。ラテックスと表示のあるものを選ぶようにしてください。

どうかお互いをいたわり合うことを忘れないでください。

いつも使っている教材

赤ちゃん人形。月齢にあわせて、子どもの大きさ、重さがわかるようになっています。実際に触ったり、抱っこしてみたりしながら、体感してもらっています。

おへそにスナップがついていて、へその緒がとれるところも見せることができる教材です。

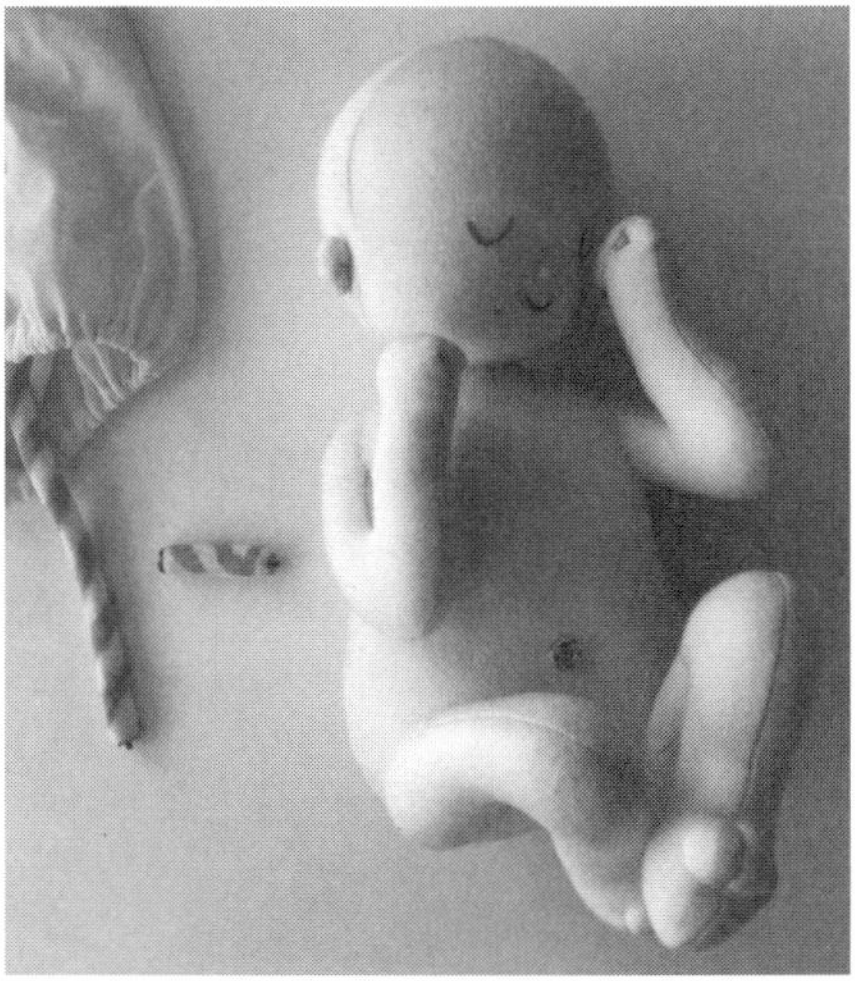

映像を一緒に見て、お話していることについて。

『ホンネで話そう思春期の生と性』高校生編（公益社団法人日本助産師会／北村邦夫 社団法人日本家族計画協会クリニック所長　協力）

お産のシーンを見てどう感じましたか?

セックスは気持ちがいいからするという北村先生のお話を思い出してください。高校生の男子が一度性交を体験すると、七、八割の人が性交を続けると言います。それなのに、避妊を実行している者は、男子が四割、女子が三割という少なさだそうです。

性教育の最も明確な最終目標は、避妊が確実にできるかを目標にした性の学習だといってよいと思いますが、そのことを私は悲しく思います。必ず正しく使うことを念頭に置いて行うことは、男の責任であり、女性の自立（自己主張）、そして望まれずに産まれてくる子どもへの責任として、しっかり考えてください。

セックスはしたらいかんというものでは絶対ない。もしセックスがなかったら、国はつぶれてしまいますよっていつも言うてるんです。

だから、それを有効に使うように、結婚してからするように、それまで大事に取っておくという気持ちが一番大切なんやっていうことです。

外国では自分で職業を決めて、一人前に働いて、自分で税金を納めるようになってからセックスしなさいって教えているところもあるんです。

子どもを産んで育てる準備ができてから

セックスをするというふうに考えなあかん。セックスをしたら、子どもができるっていうのをちゃんと責任をもって考えなあかんのです。

セックスは、そこに精神性がひっついて、はじめて子どもを後の世代につないでいくといったことになっていくと思うんや。

セックスを大事に考えん心の人には、やっぱりそういう心の人が寄ってくる言うんかな。

大体、「同類親和の法則」いうてね、よう似た考えの人が寄ってくるんやってよ。心が貧しい人のところには、心の貧しい人が寄ってくる。勉強ができるとか、できないとかそんなんやなくて、心の問題や。これはほんまにおもしろい現象やな。やっぱり人間性の奥底に、そういう何かがあるんやな。

その他の映像

他にもいくつか生徒と一緒に見ている
映像がありますのでご紹介します。
どれも命の営みの偉大さがわかる映像です。

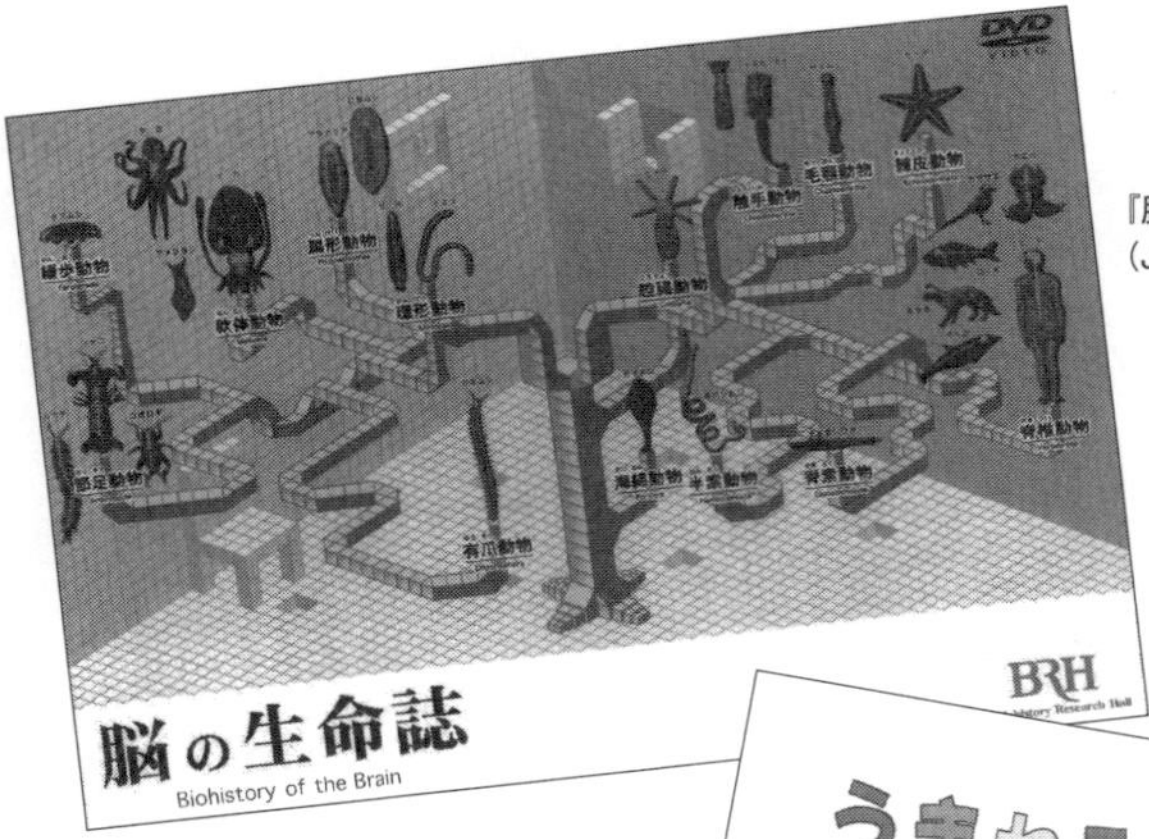

『脳の生命誌』
（JT生命誌研究館）

『うまれるよ』
（わかば社／山本直英
監修／杉山富士子　協力）

緊急避妊法についてはこんな話をしています

コンドームが外れて失敗した時、性行為のあと、七二時間以内に、ピルを投与してもらい服用すると、妊娠は避けられます。入手は婦人科の医師の処方が必要なので、親（母）に頼まなければなりません。そのためには、親には日頃から素直に話せるようにしておくことです。

自分のこととして聞いてください。人工妊娠中絶を軽く考えないで欲しいです。母体保護法という法律があります。母体の健康を著しく害する恐れのあるもの、暴行もしくは脅迫によって妊娠した場合、強姦された場合は、合法的に中絶できます。避妊法に一〇〇％確実なものはありません。

男の子が本当に好きな女の子は宝物だから、むやみにセックスを要求しないと思います。セックスには責任が伴います。

セックスは本能ですから、するなとは言いませんが、妊娠した場合、たいていの男性は、また男性をとりまく家族は、無責任に逃げることだけ考えることがほとんどです。女性は泣き寝入りという結末をいつも悲しい思いで見てきています。自分の身は自分で守る。避妊に協力しない男性は、女性に対する思いやりがないことと、自分の性行為に責任をとる意志がないとみていいと思います。

時としては、性行動は衝動的に発展するものですから、デートの前には一回マスターベーションをして、圧抜きをしておくとよいと思います。女性にも「うちに来るなら自分でしてからにして」ぐらい言えるような強さを持って欲しいと思います。

大切な彼女に傷をつけないように、楽しい青春時代を過ごされることを祈っています。

思春期という時期は、精神的に不安定な時期なのです。毎日なんともいえない不安な気持ちを持て余している。親には反抗的になる。本当はお母さんに甘えたいのに素直に甘えられない。その挙げ句、自分は何の取り柄もない楽しくない自分だと思って自分を嫌いになってしまう。そんな人、いませんか?

気をつけて見ると、小さいながらに楽しいこともある。見ようと思えばいくらでも楽しいことが見える。見ようと思わなければ、何も見えないいんです。気づくことが大事なんです。自分で限界を決めないことです。

こういったことを学校ではお話しています。このことを踏まえた上で、ご家庭でもお子さんたちと色々と話してみて欲しいと思います。なんでも話せる環境づくりが何より大切ですから。

第4章

思春期のこどもたちへ私からのメッセージ

この本を読んでいる大人のみなさん。

この章はお子さんに、直接読んでもらいたいと思っています。是非、ページを開いて、見せてやってください。

「二分の一成人式」に向けて

最近は児童が一〇歳になる学年で、二分の一成人式をする学校が増えてきました。

今の日本では二〇歳を迎えると成人と見なされます。これは、税金を払い始める時期と重なり、自立した大人になる、節目でもあります。

その半分の年齢の一〇歳、大人になる前の準備期間ともいえるこの年齢をひとまずの節目として今までを振り返ったり、これからを見通したりする機会を持つというのは、非常に興味深いことです。

私は、東京のある小学校の二分の一成人式で、メッセージを伝えるお役をいただいたことがあります。

実際にはそこに行けず、代理の方に読み上げてもらったのですが、その時生徒さんたちにあてたメッセージをここで紹介したいと思います。

二分の一成人式を迎えたみなさんへ

私はね、和歌山県の田辺という海の見える町で、助産師をやっている九三歳のおばあちゃんです。

「じょさんし」ってきいたことがないかもしれんな。助産師というのはね、お母さんが赤ちゃんを産むときにそばについて、赤ちゃんが無事に生まれてくるように助けてあげる仕事のことです。

私はこの仕事をもう七〇年以上もやっています。

これまで四〇〇〇人以上の赤ちゃんの誕生に立ち会ってきました。

みなさんはもう一〇歳だから自分がどんなふうにしてお母さんのお腹の中から生まれてきたかなんてことは全然覚えていないでしょうね。

弟さんや妹さんのお産を見たことある人なら少しはおるかもしれんな。

でもほとんどの人は見たことはないと思います。お母さんに自分が生まれてきた時のことをじっくり聴いてみたことがありますか?

たいていの人はな、長い長い時間をかけて、痛さや苦しさを乗り越えて、生まれてくるもんなんです。

ゆっくりゆっくりと、長く暗い産道という道を進んで、最後は狭い出口を通るために頭の骨の形を変えて回りながら、一度仮死状態といって、死んだみたいになって、外の世界に出てようやく生き返ります。「おぎゃあ！」と声を出して、肺いっぱいに空気を吸い込んでね。赤ちゃんはどんな顔をして生まれてくると思いますか？長いこと辛い思いをしたから、しんどい顔をして生まれてくるように思うやろ？でも実はそうではないんですよ。

生まれたばかりの赤ちゃんの顔を見るとな、みーんな「やったぞ！」というピカピカの顔をしているの。達成感で輝いていて、とても自信に満ちた表情です。お母さんのお腹から生まれてくるときにな、「いつ外に出ようか？」というタイミングを見計らって、自分で決めて、この世に出てきたんですよ。赤ちゃんはね、生まれる瞬間からたくさんのことを考えて、自分で決めているんです。

「赤ちゃんなんて泣いてばかりで、何にもしゃべらないんだから」と思うかもしれませんが、言葉を言えないだけで、赤ちゃんだってしっかりと感情や意志を持っています。人には生まれた瞬間から「自分の頭で考えて、決めて、行動したい。」という本能があるんです。何でこの話を二分の一成人式を迎えた皆さんにしたかというとね、一〇歳という年齢はこれまでとは少しずつ変わっていく節目だと思っているからなんです。大人への入り口の第一歩やな。一つ、二つと年を数えて、「とお」になると、「つ」の付く年を卒業します。みんなの体も心も少しずつ大人になるための準備の時期、「思春期」へ向かって変わっていっているのです。女の子は生理が、男の子は精通が始まります。でもまだまだ未熟な体です。一応形はどうにか整ってきますが、心も体も自分でもどうしたら良いのかわからないくらいに揺れ動きます。大人になるために誰もが通る道みたいなもんです。

二〇歳を成人とすると、半分の一〇歳が二分の一、二分の一成人式とは本当によく言ったものです。私らの時代にはなかったもんなあ。これまでの一〇年を振り返るのも大事。でもそれだけでなく、これからの一〇年にも目を向けてほしいなと思っています。「大人になるってなんだろう?」「大人になって働くってなんだろう?」「自分は将来何になりたいんだろう?」お父さんやお母さんが満足しそうな答えを探そうとするのではなく、自分の頭で考えて、自分なりの答えをみつけていってください。大丈夫や。お腹の中にいる頃から、自分のことは自分で決めて、たくさんの困難を乗り越えて生まれてきたんやからな。それぞれかかる時間は違うかもしれないけど、きっと見つけられると思います。

「大人になるってなんだろうね?」

「どうなったら大人になるんだろう?」

もし私が聴かれたら、どうやって答えるかしらね?

私は助産師の仕事を七〇年以上、今でも楽しく続けてこれたのはなんでだろうと考える時があります。

一生続けられる仕事だと聞いて、助産師になったんだけど、昔は子どもだって働くのが当たり前。自分の食べる分は自分で働きましょうという教えがどの家にもあったし、子どもでも自分のできることを探しては、働いていた時代に育ちました。だから、改めて何で働くんだろうなんて考えてみたこともなかったけど、「働いててよかったな」って思えることがいくつかありました。

一つはいくつになっても勉強したいと思えること。知らないことを知るって、わくわくするでしょう？

働いていると、いつまでたっても知りたいことがでてくるんですよ。

二つ目は、私がやってきた仕事そのものが、若い人に受け継がれて、未来まで残っていく事。リレーのバトンのように、大事に大事に未来に向けて受け継がれていくなんて、何て素敵なんでしょう。三つめは「人の役に立っている」と感じられることでしょう。人間はね、大昔、裸で狩りをして生きてきた時から、一人では生きられない生活をしてきました。食料となるけものを獲るのも、火を起こすのも、きれいな飲み水を汲んでくるのも、みんなで協力して知恵と力を集めてやってきたんです。そもそも生まれたばかりの赤ちゃんは一人では生きられないでしょう？生まれてすぐに歩ける動物もいるのに、人間は歩き出すのに一年近くかかるんだから、本当に不思議です。これはね、神様が「みんなと協力し合って、生きていきなさい。」って、人間に教えているんだと思います。

みんなと協力し合うには、自分もみんなのためにできる事を考えるのが自然ですね。だから、人は「誰かの役に立つとうれしい」と思うんですよ。助産師という仕事は命の誕生に直接関わるものだから、「人のためになれた」と感じられることが多い、とても幸せな仕事です。赤ちゃんが生まれて、お母さんやお父さんがうれしそうな顔をしていると、そばにいる私も感動します。こどもの皆さんはまだ職業について、お金は稼いではいないけれど、あなたという存在があるからお父さんお母さんは頑張れるのだから、もう立派に人の役に立っています。大人になって、職業を持って働くようになったら、もっともっとたくさんの人の役に立つ人間になれますよ。働くというのは職業を持つだけでなく、広い意味で、人の役に立つ行動は全て「働く」だと思います。家族の役に立つことなら、今のあなたにもできる事は家の中に一つや二つ必ずありますよ。

いろいろお話してきましたが、とにかく「大事なことは自分で決める」というのが、人間の喜びです。人から言われて「楽しいと無理やり思う」のではなくて、自分の気持ちが本当にわくわくすることを見つけてください。それを仕事にできたら最高だけど、そうでなかったとしても、働くことを頑張るとね、ちょっとしたことが楽しみになるんです。一生懸命に働いた分、小さな楽しみが大きな楽しみに変わっていくのです。「いい顔して笑ってるなあ」と思う大人を見つけたら、その人がどんなふうに過ごしているのか観察してみるといいと思います。みなさん、まねは得意でしょう。

命が大切だ、命が大切だと学校でも、ご両親からも、目上の人からたくさん言われてきたと思います。ずっとずっと前からつながってきた命を、今皆さんが生きています。命をつなぐことは簡単な事ではありません。私は戦争の時代も、その後の混乱した時代も生き抜いてきました。今よりもずっと不便で、苦しいことがたくさんあって、それでもこの年まで生きてこられました。生きていく中で命は決して自分一人のものではないな、生かされているんやなと思う事が何度もありました。みなさんもこれから生きていく中で、いろんな事にぶつかったり、しんどいなと思う事もたくさんあると思います。それでも何とか生きていれば、本当にうれしいと思える事にも必ず出会えます。

しんどい事があった後ほど、ほんのささいな事がうれしいと思えたり、幸せだなって感じられるようになったりするんです。そうやって人はこれまでも生きてきて、あなたはそのバトンを既に受け取っているんですよ。どうか大事にして、次の人につないでいってくださいね。それが、この日本という国や、この地球を大切にすることになると、私は信

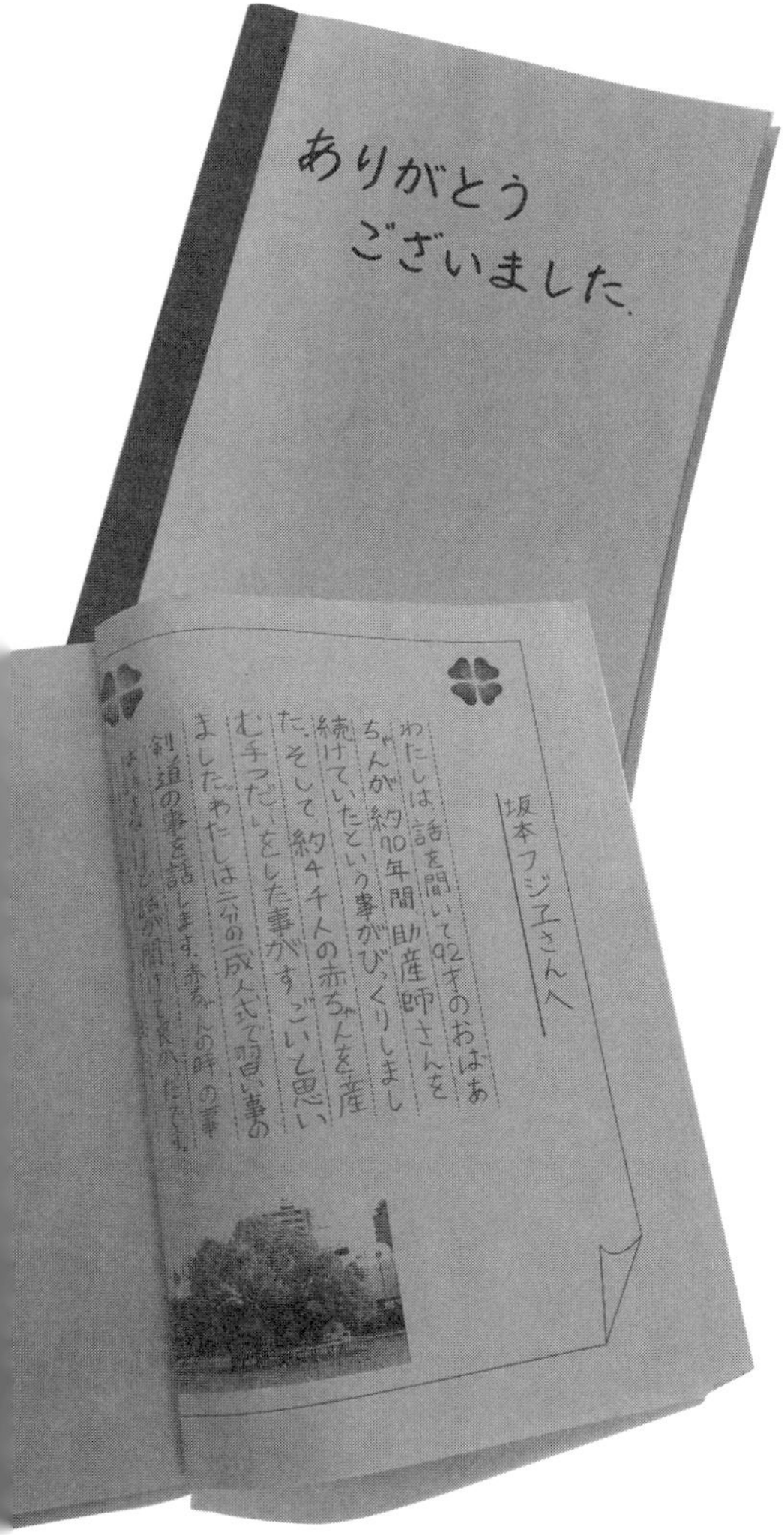

じています。今日という日にみなさんにお話ができて良かった。九三歳のおばあちゃんからのお話でしたが、一〇歳の素直でやわらかい心に何か感じてもらえる事が出来たらうれしいなって思います。

ここまでが、代理の方に読んで頂いたメッセージです。

嬉しいことに、その後、私のメッセージをきいた子どもたちが、私に手紙を書いてくれました。それを学校の先生がまとめて製本してくださり、助産所まで送ってくれました。

遠くて行けませんでしたが、思いが伝わったことがとても嬉しかったです。

その後、このメッセージを、小学生のみなさんだけでなく、中高生のみなさんにも伝えたいと思うようになり、この本を通して伝えることを思いつきました。

中学生、高校生のみなさんへ

中学生になった皆さんは思春期の入り口に来ています。高校生なら真っ只中やなあ。この頃の皆さんは大人になっていく道筋の中で、一番心が揺れ動く時期なんです。自分の事に自信が持てなくて、これでいいのか、もう少し何とかならないのかと思い悩んだり、先の見えないことが不安で仕方なかったり、自分の事を好きだと言ってくれないだろうかとそればかりが気になったり、他の人にどう思われるかが気になって、心ががんじがらめになってしまったり…挙げればきりがないようないろいろな思いで悩む日々だと思います。中にはそんな自分を持て余し、自分や周りの人を嫌いになったり、他の人に感情をぶつけてしまったりで、それでまた自分が嫌になるという悪循環になってもがいている人も多いのと違うやろか。大人は勉強せい、勉強せいと言葉では言うものの、なぜ勉強しなければならないのかとか、勉強が手につかないほど悩んでいる自分の気持ちには全く気が付いていてない……そう思って、かえって勉強から心が離れてしまうこともあるな。

私らの時代は子どもでも働くのは当たり前やった。口減らしのために奉公に出されたりしてなあ、あなたたちの年ごろには親元を離れて、遠くで大勢の人の中で暮らしながら、わずかな給金は親元の小さな弟妹にと仕送りしながらも、自分はそれでも親の役に立っていると思うて頑張れたもんや。今の子ども達は「誰かの役に立っている」という実感があまりないままに大きくなっている気がするなあ。私らの育った時代よりもはるかに豊かで恵まれているのに、何だかもったいないなあと思います。昔は子どもだって働くのが当たり前。自分の食べる分は自分で働きましょうという教えがどこの家にもあったし、子どもでも自分のできる事を探しては働いていた時代に育ちました。だから改めて何で働くんだろうなんて考えてもみなかったです。私は助産師の仕事を七〇年以上も続けてきました。今でも楽しく続けてこられたんは何でだろうと考える時があります。働いててよかったなと思える理由でもあります。一つはいくつになっても勉強したいと思える事。勉強する理由が次々とわいてくるんですよ、一生懸命仕事をしてると。やらされていると思っている時とは違う、「知りたい！」というわくわくする気持ちが働いていると出てくるもんなんです。不思議やね。二つ目は、私がやってきた仕事そのものが、若い人に受け継がれていくという事。一生続けられる仕事だと聞いて助産師になったんだけれど、私の人生だけで終わらない。若い人に受け継がれて、未来にまで残っていくんです。リレーのバトンのように大事に大事に次の世代へと受け継がれていくなんて、なんて素敵な事なんでしょう。そして三つめは「人の役に立っている」と感じられるという事でしょう。この仕事は命の誕生に直接関わる仕事だから、「人のためになれた」と感じられることが多い。幸せな事です。職業を持つという事は、どんな職業であれ誰かの役に立つという事です。広い意味で人の役に立つ行動は全て「働く」だと思います。家族の役に立つことをやってみるとわかります。人間は太古の昔から一人では生きられない生活をしてきました。みんなで知恵と力を集めないと生きていかれんかった。みんなと協力しあうには、自分もみんなのためにできることをするというのが自然なんです。だから一生懸命に働くと、生きているなあと感じるのです。働くは誰かに言われてではなく、自然に思うもの。もし今勉強したくないなあとか、誰かのためになんて面倒くさいなあと思ってしまうんやとしたら、それはあなた自身が自分で選んで生きていないからやと思えてなりません。「大事な事は自分で決める」というのが人間の喜びです。誰かから言われて楽しいと無理やり思ったりしていませんか？皆さんが赤ちゃんの時には、ちゃんと自分で決めて自分で生まれてきたんです。それが育っていく中で、どういうわけか自分で決めない癖をつけてしまっているんやと思います。その事に気が付けば、この思春期の間に起こるたくさんのもやもやした迷いや悩みにも、自分で決着をつけることが出来、その事が将来のあなたに一番役に立つ事になります。いっぱい悩んで、いっぱい失敗して、そこから学んで、自分の決めた人生を切り開いていく練習をたくさんする。思春期とはそういう時期やと思います。どうしてもやりたい何かが見つからない時は、目の前にある勉強や部活動に一生懸命になってみてはどうですか？その姿勢こそが、将来のあなたの一番に役に立つ。一つ一つの努力が積み重なって、将来の結果になるという事を体験する大切な時期です。性に関する関心や、異性への抑えきれない衝動に悩まされることもありますが、それはこの時期に特有のもの。自分も相手も大切にするためにも、思うだけにしてそのエネルギーを他の何かに向けた方がええな。男の子はお父さん、女の子はお母さん、もちろん身近に話しやすい人がいたら、その人に話しを聞かせてもらってもいいな。自分だけじゃないんだという事を知るだけでも心が軽くなりますよ。

命が大切だ、命が大切だと学校でも、ご両親からも、目上の人からたくさん言われてきたと思います。ずっとずっと前からつながってきた命を、今皆さんが生きています。命をつなぐことは簡単な事ではありません。私は戦争の時代も、その後の混乱した時代も生き抜いてきました。今よりもずっと不便で、苦しいことがたくさんあって、それでもこの年まで生きてこられました。生きていく中で命は決して自分一人のものではないな、生かされているんやなと思う事が何度もありました。みなさんもこれから生きていく中で、いろんな事にぶつかったり、しんどいなと思う事もたくさんあると思います。それでも何とか生きていれば、本当にうれしいと思える事にも必ず出会えます。しんどい事があった後ほど、ほんのささいな事がうれしいと思えたり、幸せだなって感じられるようになったりするんです。そうやって人はこれまでも生きてきて、あなたはそのバトンを既に受け取っているんですよ。どうか大事にして、次の人につないでいってくださいね。それが、この日本という国や、この地球を大切にすることになると、私は信じています。

これからの子どもたちには、どうしても働くことの大切さを伝えたかったので、以前『大人はどうして働くの？』（日経BP社）という本で宮本恵理子さんに取材してまとめてもらった言葉を思い出しながら書きました。

※講座の前にはお話する内容をあらかじめこのように書いておき、生徒さんの顔をみて思いついたことを足して話すようにしています。

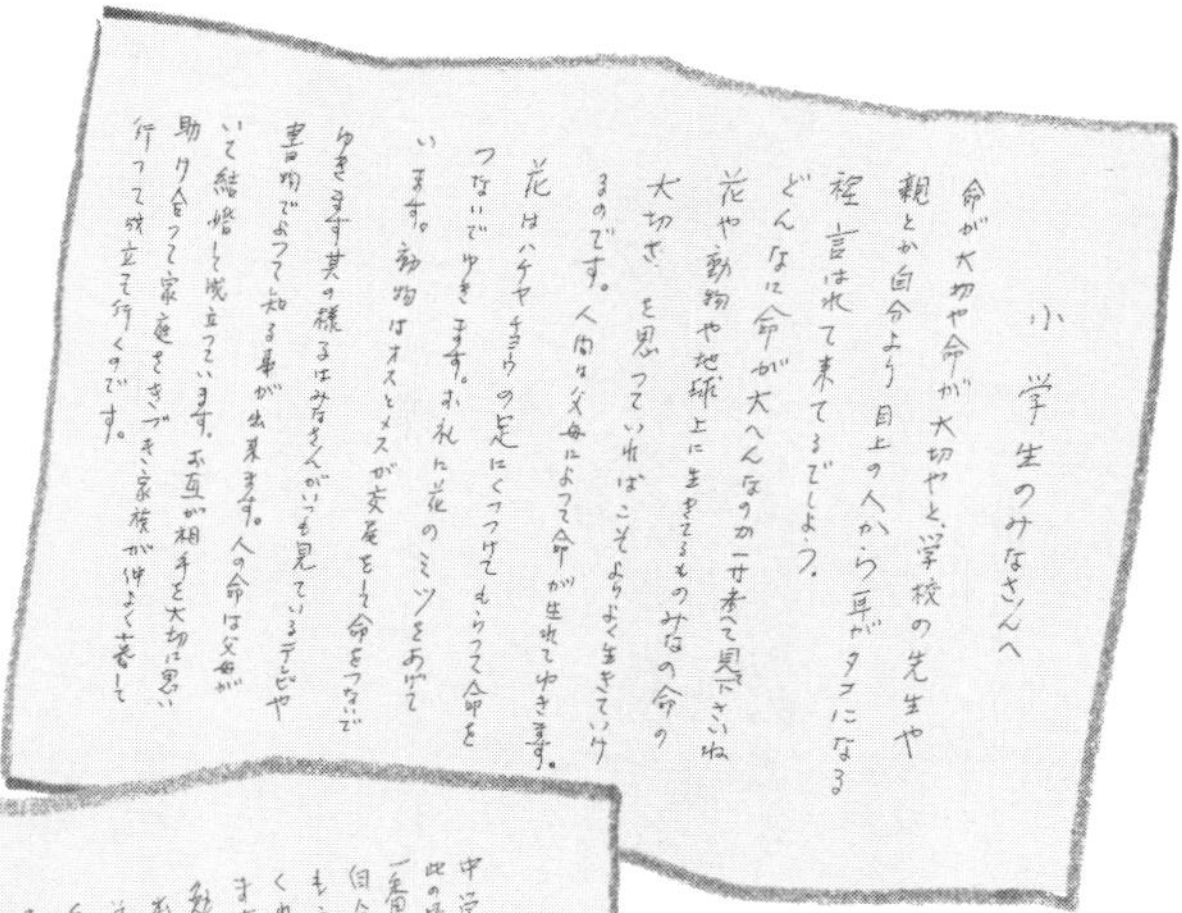

小学生のみなさんへ
命が大切や命が大切やと、学校の先生や親とか自分より目上の人から耳がタコになる程言はれて来てるでしょう。
どんなに命が大へんなのか一寸考へて見て下さいね
花や動物や地球上に生きてるものみなの命の大切さを思っていればこそよりよく生きていけるのです。人間は父母によって命が生れてゆきます。
花はハチやチョウの足にくっつけてもらって命をつないでゆきます。お礼に花のミツをあげています。動物はオスとメスが交尾をして命をつないでゆきます其の様子はみなさんがいつも見ているテレビや書物でよって知る事が出来ます。人の命は父母がいて結婚して成立っています。お互が相手を大切に思い助け合って家庭をきづき家族が仲よく暮して行って成立て行くのです。

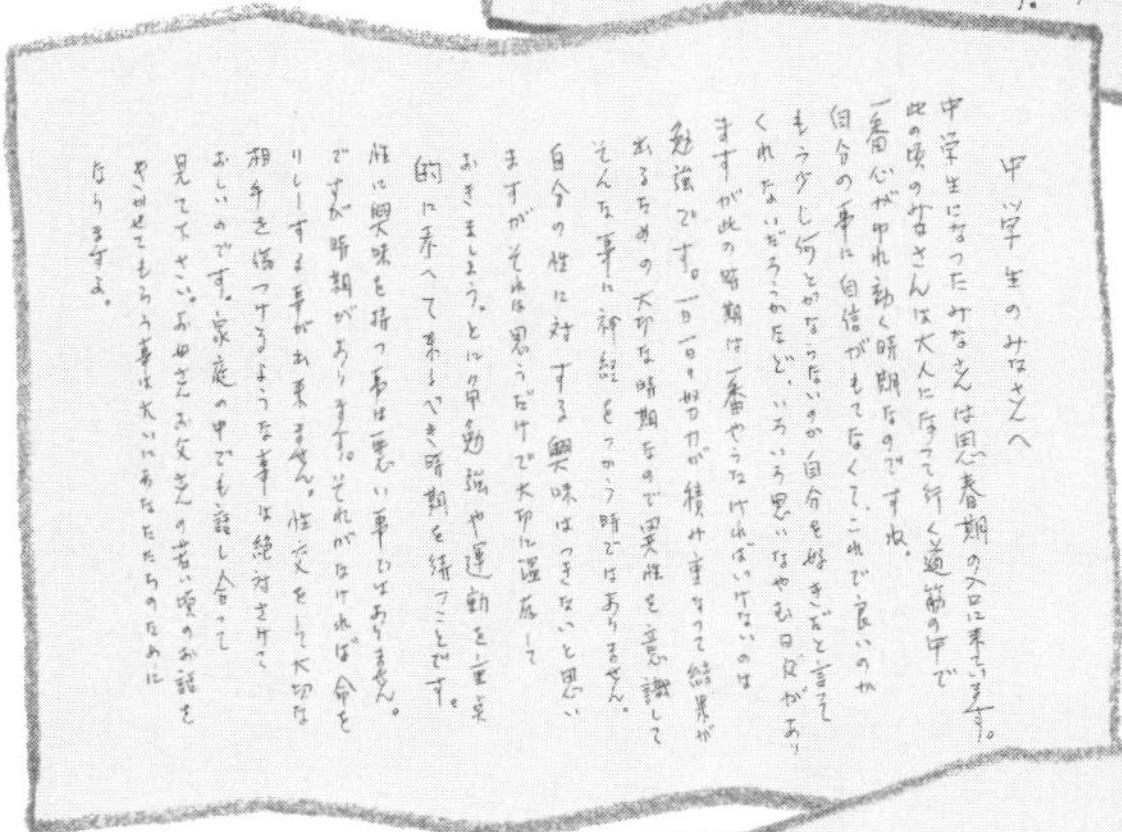

中学生のみなさんへ
中学生になったみなさんは思春期の入口に来ています。此の頃のみなさんは大人になって行く過節の中で一番心が揺れ動く時期なのですね。

自分の事に自信がもてなくて、これで良いのかもう少し何とかならないのか自分を好きだと言ってくれないだろうかなど、いろいろ思いなやむ日々がありますが此の時期は一番やらなければいけないのは勉強です。一日一日の努力が積み重なって結果が出るための大切な時期なので異性を意識してそんな事に神経をつかう時ではありません。

自分の性に対する興味はつきないと思いますがそれは思うだけで大切に温存しておきましょう。とにかく勉強や運動を重点的に考へて来るべき時期を待つことです。

性に興味を持つ事は悪い事ではありません。ですが時期があります。それがなければ命をリレーする事が出来ません。性交をして大切な相手を傷つけるような事は絶対さけてほしいのです。家庭の中でも話し合って見て下さい。お母さんお父さんの若い頃のお話をきかせてもらう事は大いにあなたたちのためになりますよ。

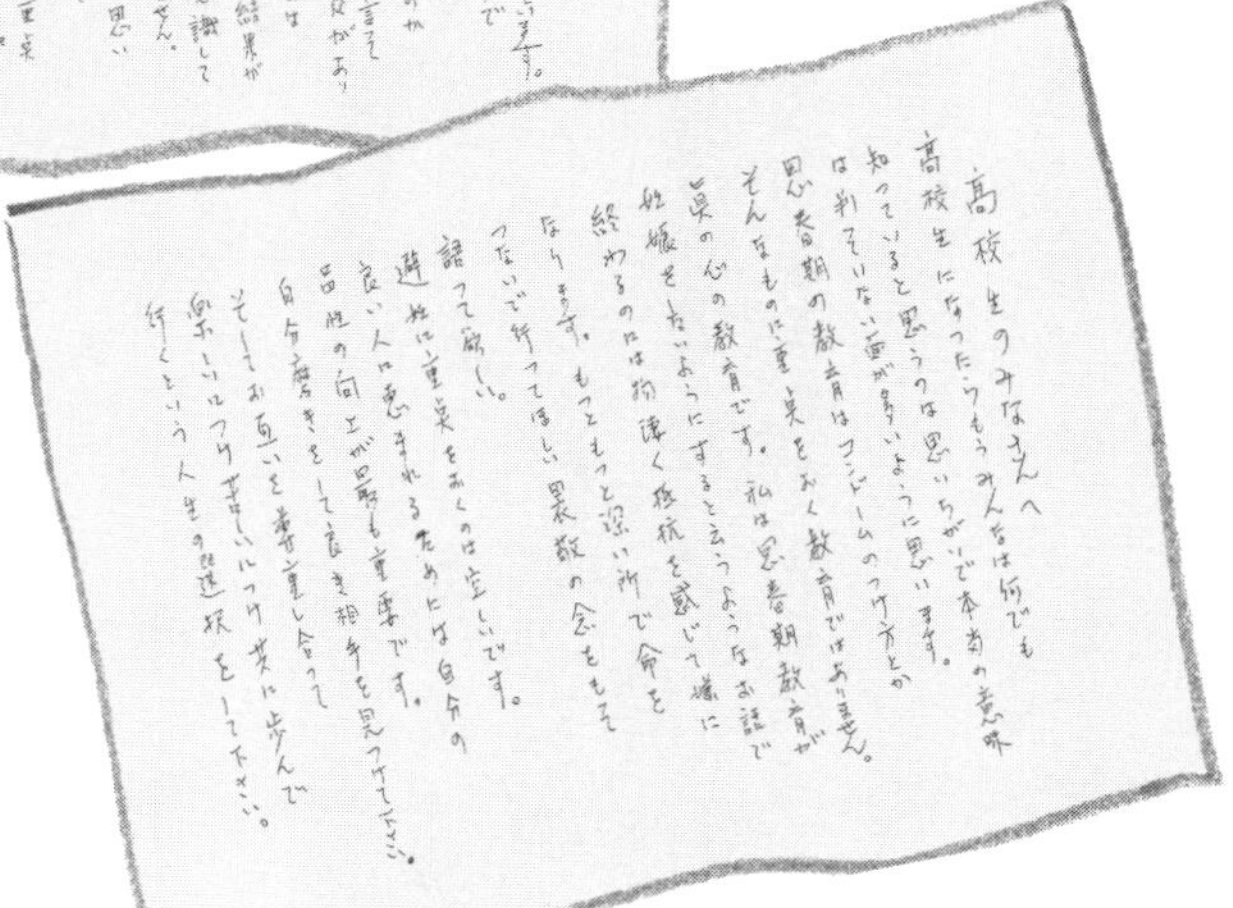

高校生のみなさんへ
高校生になったらもうみんなは何でも知っていると思うのは思いちがいで本当の意味は判っていない面が多いように思います。

思春期の教育はコンドームのつけ方とかそんなものに重点をおく教育ではありません。

真の心の教育です。私は思春期教育が妊娠をないようにすると云うようなお話で終わるのには物凄く抵抗を感じて嫌になります。もっともっと深い所で命をつないで行ってほしい畏敬の念をもって語って欲しい。

遊びに重点をおくのは空しいです。

良い人は恵まれるためにも自分の品性の向上が最も重要です。

自分磨きをして良き相手を見つけて下さい。

そしてお互いを尊重し合って楽しい時も苦しい時も共に歩んで行くという人生の選択をして下さい。

おわりに

私はこの本の中で、何度も「自己中心的な考え」について書いてきました。

誰にとっても、耳の痛い話やな。

人のものを自分のものと思い違いをしていたり、自分は間違っていないと何かあれば人のせいにしたり、社会の恩恵を受けることを当たり前のように思っていたりして生きていることは、全てこの自己中心主義の考え方によって起こっていること。

このままでいったら日本はほんまに危ういと思うな。

私らには迷った時の道しるべとなる生き方の根本となる教えが常に側にあって、それがあるからこそ今よりも何倍も厳しく、つらい時代も乗り越えてこられたんや。

根本がないままに生きることは、何か大きな波が来た時にみんなが一緒に流されてしまうようなもんや。

子どもを育てるということもおんなじやな。

だからその根本の大切さをしっかりと伝えていかないかんと思てます。

今、少しずつやけど、ただ流されてしまうのではなく、是正されているのではと思える事も出てきたんやないかと思うで。

大きく流れは危うい方向に進んでいるように見えるけれども、どんな時代も必ずその方向に行ってしまわないようにする力というのがあった。

だから、自分一人くらいが真面目な事をしても仕方ないわという考え方をみな捨てることです。

とにかく私一人であっても、真面目に生きましょうという気持ちをみんな一人一人が持ってもらえたら、必ず蘇生する。生き返る。

私はこれまでずっと「私だけが」ではなく、「私がそう生きることで、そしてそう伝える事で何かが変われば」と、それを信じて生きてきました。それは遠い道のりに見えるけれども、どういう道よりも一番の近道。

これからの時代を作っていくであろう未来のある子どもたち

に、できれば直接語りかける本が作れればと思いました。

そのためには、まずは子どもたちを大事に育てていきたいという思いを持っている親御さんをはじめ、子どもたちに関わる全ての人に手に取ってもらえる本を作らなあかんなと思いました。

これまでの話は、実はもう待ったがきかない話だと思っています。

先伸ばしにしてもええ事はないなという危機感みたいなものが私にあるんや。

私の仕事を通じて生まれてきている赤ちゃんが、これから生きる人生の根性作りをする、ということを念頭に置いて、その子どもがどう自立して、どう育っていくか。

それは実は半年や一年の頑張りでできるんや。

大きな事ではないけども、結局それが大きなことになっていくんです。

その私が感じる直感いうか、本能というか、とにかく今伝えとかないかんという突き動かされる思いを伝えたいと思いました。

この本を読んで、これまでの自分の在りようを振り返って、反省したり落ち込んだり、自分を責めたりする人がいるかもしれません。それはそれとして一度は受け止めてもらいたい。でも諦めたりすることは決してないと思うてます。

大事なのは、もう一度お子さんと向き合っていこうと腹をくくるきっかけになるかどうか。

そういう思いに至ったなら、この本は役目を果たしたと言えると思います。

その子のその先の人生も、親御さんの人生も変えることができたら。

もし今、目の前で起きていることが、自分のせいだけではなくて、これまでずっと何世代にもわたって繰り返されてきた業によって引き起こされたことであったとする。本当はそれを次の世代にそのまま引き継いでしまった方がずっとずっと楽なんやけれども、それを自分の代で終わらせよう、変えるんだという覚悟が必要なんです。それは本当に辛いし苦しいと思います。でも、もう苦しむのは自分で最後にしよう、ここから先の子どもたちの人生には同じことは繰り返すまいという、強い覚悟が必要なんやと思います。

その覚悟を持つ前にどうしたら良いのかわからずに立ち尽くし

てしまっている人には、

「人は必ずやり直せる。大丈夫やで」という言葉をおくりたいと思います。

戦後七〇年が過ぎた今、そのやり直しにはこれから一〇〇年かかります。戦後七〇年の結果が今のこの世の中ならば、一〇〇年かかってもそれはやらなあかん。

一人一人が一〇〇年かければだいぶ色々出来ますよね。

一〇〇年は自分の人生だけでは出来きらんけど、次の世代にちゃんと繋ぐことで、一〇〇年かけたら出来るんだという希望を持つ事が必要なんやと思います。

どんな悪い事をした人でも、今考え方の悪い人でもね、どっかに一点二点良い所がありますからね。そこへしっかり食いついていったら、良い考えが伝染していくという事はあると思うんや。例えば私のところへ相談をしにくるとかな、それで一人が助かったらな、十人が助かることになる。

これまで私の本を手に取って大事に読んでくださった皆さんに、これまでの繰り返しになるかもしれんけどもう一度考えてみてほしいと思うて書きました。

こうやって九三歳の今日（こんにち）まで、現役で助産師という仕事をし、社会の中で大きな思いを持って、根本を信じて生きていくことがどれだけ大事なんかを伝え続けてきた私からの、今の言葉で言えば「エール」やな。

私に子育ての事で助けを求めてくる人に、私は私の仕事を通じて、一つ一つその人たちに、親孝行の道とか、社会のルールとか、そういう事をしゃべっていく事で一人でもそれを是正することができたなら、それがいつか大きなうねりになってくる。それだけですね。それ以外の考え方はないです。

本当に微々たる力やけどな、まっとうな考え方を持っているという事を、折れんと、固く信じて、自分の息のある間はそれを信じていくだけです。

何がまっとうな生き方なのか分からなくなっている人たちに、今それを指し示す人が必要なんやと思います。

例えば親孝行とかも、自分の親とかそういう事にとどまらずに、自らの国の事にまで思いをはせる。

日本という国が大事にしてきたことがここまで揺らいでしまっている。それほど世の中の多勢が変わってしまい、真にまっとうな考えの方が無勢になってしまっている。

今のこの世の中で、根本となる考え方を支えていくだけの精神力が少しずつ衰えてきた。

だから、強い気持ちを持って、例えば旦那さんが親孝行したら嫁さんに嫌われるとか、そんなほんまに身近な事でもな、そんな事考えんと良い事は良い事と思うて、自分を信じて進んでいかな仕方ないな。

何が良い事なのか、昔からちゃんと伝えられてきていたはずやから、今は立ち返る事や。

そしてそれを大事にして生きている人をとにかく真似てみよう

という気持ちを持ってほしいんや。

心の目をしっかり開いて、そういう気持ちで見てみれば、身近にも必ずそういう人はおると思うで。簡単な事や。良い顔して、笑って生きている人をよくよく見てみればええんです。

十人助かったらその倍が助かるという具合になって、良い風になっていく。

目の前にいる人と真剣な気持ちで差し向かって話をするという事は誰にでもできること。その積み重ねの大きさは想像を超えた大きさになっていく。

だからそんなに上を見る事はない。前を見て、ただコツコツコツコツやっていきましょう。

一〇〇年先の日本の世相を私はぜひ見てみたいなあ。必ず立ち直っていってると私は信じています。

人を見る時とおんなじです。世の中の行く末についても、いつも私は信じることから始めるんです。

何かを変えようとか行動しようでなしに、ああしなさいこうしなさいでもなしに。

まずは信じることが一番なんです。身近な家庭という小さな社会をまず大事にすることが、結果として社会全体を大事にするための身近な一歩になるんです。

まずはあなた自身が笑顔でいられますように。そしてあなたの周りのご縁のある人に笑顔をね。

いつまでも見守っていますよ。「大丈夫やで」

坂本フジヱ FUJIE SAKAMOTO

大正13年、和歌山県に生まれる。14才で働きはじめ、23才で和歌山県の上芳養の自宅にて「坂本助産所」を開業。73才で同県田辺市に移転。76才で黄綬褒章受章。93才の今なお現役。著書に『大丈夫やで〜ばあちゃん助産師《せんせい》のお産と育児のはなし〜』『大丈夫やで2〜ばあちゃん助産師《せんせい》の産後と育児のはなし〜』『ばあちゃん助産師《せんせい》　こころの子育て』(すべて産業編集センター/刊)がある。

【参考文献】

『大人はどうして働くの?』(宮本恵理子/編著　日経BP社/発行)

ばあちゃん助産師《せんせい》
10歳からの子育てよろず相談

二〇一七年四月二十一日　第一刷発行

著者/坂本フジヱ
イラスト/石川えりこ
ブックデザイン/monostore(日高慶太・酒井絢果)
取材・撮影・編集/松本貴子
取材協力/佐々木直子・尼崎道代

発行/株式会社産業編集センター
〒112-0011 東京都文京区千石4丁目39番17号
電話　03-5395-6133
FAX　03-5395-5320

印刷・製本/大日本印刷株式会社

 ISBN978-4-86311-149-3 C0037